REBEL MIND

33 ANSTIFTUNGEN VON PETER KREUZ

Dr. Peter Kreuz: Der SPIEGEL-Bestsellerautor ist der Anstifter für den intelligenten Regelbruch und seit mehr als zwei Jahrzehnten eine feste Größe unter den Top-Speakern in Europa. Als Gründer von *Rebels at Work* bringt er Menschen zusammen, die ihren eigenen Weg gehen. Die leidenschaftlich und selbstbestimmt leben, arbeiten und Spuren hinterlassen. Die Veränderung nicht mit dem Hammer, sondern dem Hirn vorantreiben.

www.peterkreuz.com

IMPRESSUM

COPYRIGHT
Dr. Peter Kreuz

VERLAG
Rebel Mind Media

GESTALTUNG
Christoph Schulz-Hamparian

Heidelberg, Juni 2024

ISBN 978-3-9826170-1-5

HINWEIS
Mit Liebe zum Detail, harter Arbeit und einer gehörigen Portion Rebellentum geschrieben, lädt dieses Buch euch ein, die Grenzen des Gewöhnlichen zu sprengen.

Aber Vorsicht: Nutzung auf eigene Gefahr! Die folgenden Seiten könnten euer Weltbild erschüttern, eure Komfortzone sprengen und eure Gehirnzellen ordentlich auf Trab bringen.

Solltet ihr beim Lesen oder Anwenden der Inhalte Schaden erleiden – sei es an Körper, Geist oder Geldbeutel - übernimmt der Autor keine Haftung für die Folgen eurer Abenteuerlust.

Also: Augen auf beim Lesen ;-)

PS: Dieses Buch verzichtet auf die gleichzeitige Verwendung männlicher, weiblicher und diverser Sprachformen. Alle sind alle gemeint und herzlich willkommen!

Lasst uns gemeinsam die Welt bewegen!

UND NOCH EIN HINWEIS
Für dieses Buch wurde eine Auswahl der besten Kolumnen und Artikel verwendet, die bereits von Peter Kreuz und Anja Förster (www.anjafoerster.com) geschrieben und publiziert wurden. Sie wurden für dieses Buch überarbeitet und aktualisiert.

«DAS GEGENTEIL VON MUT IST NICHT FEIGHEIT ... ES IST ANGEPASSTHEIT»

Earl Nightingale

PROLOG

STRAFE DER GÖTTER

Besungen von Dichtern. Gemalt von Künstlern. In Ton gefasst von Schlagerbarden und Metal Bands. Eines der berühmtesten Vater-und-Sohn-Paare der Geschichte.

Der Vater, der seinem Sohn und sich kunstvolle Flügel aus Wachs und Federn baut, um aus der Gefangenschaft zu fliehen. Der Sohn, der die Warnung seines Vaters ignoriert, nicht zu nah an die Sonne zu fliegen: Das Wachs schmilzt, der Sohn stürzt ins Meer und stirbt. Dädalus und Ikarus. Eine immer wieder gern aufgegriffene mythische Warnung an alle, die zu hoch hinaus wollen. Kommt ihr der Sonne zu nah, so strafen euch die Götter… «Übermut tut selten gut!», bringt es ein deutsches Sprichwort auf den Punkt. Oder um es mit den Worten von Ein-bisschen-Frieden-Nicole zu sagen: «Flieg' nicht so hoch, mein kleiner Freund. Die Sonne brennt dort oben heiß. Wer so hoch hinaus will, der ist in Gefahr…»

Eine Warnung an alle Menschen, die so F-R-E-I sind, ihr Schicksal in die eigene Hand zu nehmen. An alle, die nicht folgsam und fügsam tun, was von ihnen erwartet wird.

Eine Warnung, mit der sich mutiges Denken und Handeln bestens unterbinden lässt. Denn übervorsichtige und gehorsame Mitarbeiter, Kinder, Partner oder ‹kleine Freunde› lassen sich viel leichter kontrollieren und so in das begrenzte Leben drücken.

Eine Warnung an die Rebellen unter euch: Wenn ihr hoch hinaus wollt, seid ihr in Gefahr!

Der Clou aber ist, dass die Geschichte von Dädalus und Ikarus üblicherweise nur verkürzt erzählt wird. Ein ganz entscheidender Satz am Ende fällt dabei unter den Tisch. Dädalus sagt nämlich: «**Aber mein Sohn, noch sehr viel wichtiger ist, dass du nicht zu niedrig fliegst.** Denn wenn du zu niedrig fliegst, werden das Wasser und der Nebel deine Flügel beschweren und du wirst sicher umkommen.»

Die wichtige Lektion, die aus gutem Grund verschwiegen wird: Den Freigeist in sich selbst zu ignorieren und zu tief zu fliegen, ist mindestens genauso gefährlich wie zu hoch zu fliegen.

Wer nämlich unter seinen Möglichkeiten bleibt und den Ball flach hält … Wer blind den Autoritäten glaubt, die ihm ein sicheres Leben versprechen, wenn er sich denn normal verhält … Wer sich an die Regeln hält, einfach weil es Regeln sind … Wer ohne Wenn und Aber ein Leben führt, das den Göttern und Autoritäten genehm ist – der ist in noch viel größerer Gefahr: Er verpasst sein Leben. Wird in Vergessenheit geraten. Keine Spuren hinterlassen. Nicht in seinem Leben. Nicht im Leben von anderen.

Für euch habe ich mein Buch geschrieben: für euch, die ihr Spuren hinterlassen und in dieser Welt etwas bewegen wollt. Die ihr allen Bedenkenträgern und Bloß-die-Ambitionen-Flachhaltern zum Trotz höher hinaus wollt. Ihr, die nicht eingenormt, konsens- und konsumtrunken, mainstreamgläubig leben und arbeiten wollt. Mehr wollt. Einen U-N-T-E-R-S-C-H-I-E-D machen wollt.

Euch, die ihr nicht überheblich mit Wachsflügeln in die Sonne fliegt, aber auch fest entschlossen seid, nicht zu niedrig zu fliegen, widme ich meine Impulse, Ideen und Inspirationen. Meine 33 Anstiftungen, in denen meine Erfahrungen und Gedanken und Sehnsüchte und Andersdenkigkeiten der letzten Jahre stecken.

Die Welt braucht mehr von euch, die anders denken. Die aus einem begrenzten ein außergewöhnliches Leben machen!

Unser Leben kann dramatisch reicher sein, wenn wir uns eine Sache immer wieder klarmachen: Alles, was wir bewundern ... All die großartigen Dinge um uns herum ... All das ist von Menschen erschaffen worden, die eines gemeinsam haben: Sie haben das begrenzte Leben nicht akzeptiert.

Was haben sie stattdessen getan?

Sie haben die Dinge losgelassen, die sie eingeengt und kleingemacht haben. Dinge, von denen ich euch im ersten Teil meines Buches («Kein Glück in Dogmenistan») erzähle.

Sie haben gelernt, über das Leben, den Erfolg, die Arbeit neu zu denken. Klarer zu sehen, was sie als Menschen wirklich ausmacht («Ein Geist, der nicht klebt», Teil 2 meines Buches).

Sie haben den Mut, die Power und auch die Fähigkeiten, ihren eigenen Weg zu gehen, um Spuren in der Welt zu hinterlassen («Am Türsteher vorbei», der dritte Teil).

Sie haben sich entschieden, die Menschen zu sein, die die Ziele ihres Lebensfluges selbst bestimmen, die sich von anderen nicht die Agenda aufzwingen lassen. Experimentierfreudige Menschen. Eigensinnige Menschen. Menschen mit Tatendrang, Gestaltungswillen und Lebensfreude. Menschen, die die Welt verändern.

Menschen mit einem Rebel Mind.

REBEL MIND

EIN GEIST, DER NICHT KLEBT 088

AM TÜRSTEHER VORBEI 158

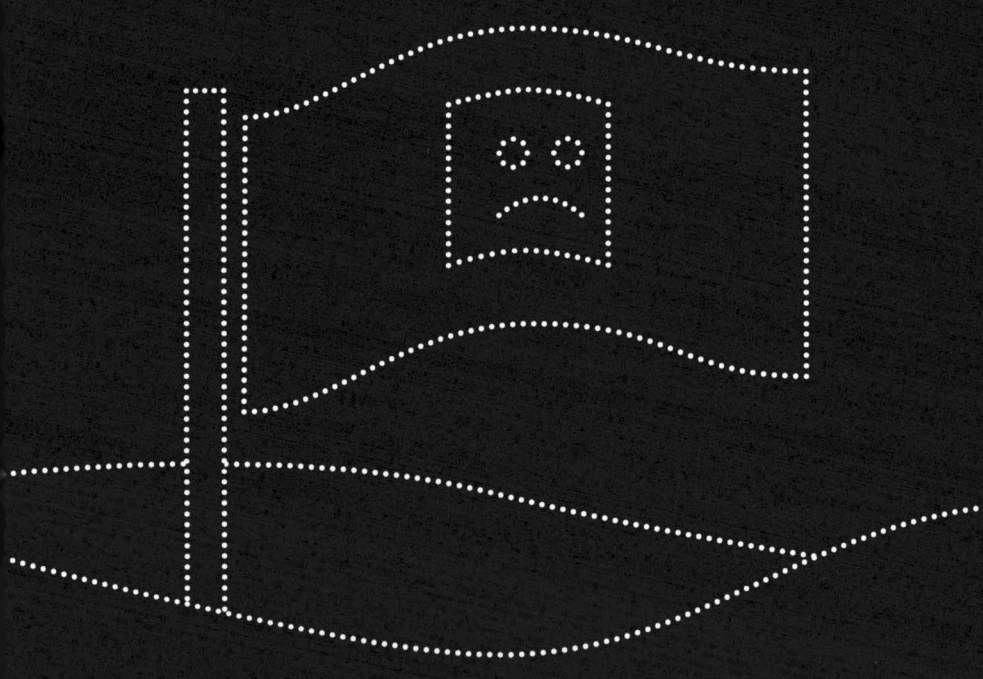

TEIL EINS

...KEIN GLÜCK IN DOG- MENIS- TAN

01

DROP YOUR TOOLS!

Infernalisch. Die Welt schien sich in der Hitze zu verflüssigen. In einer Hitze, die brauste und fauchte und donnerte. Einer Hitze, die ihr Job war.

Körperlich extrem fit, gut für diesen Job ausgebildet und bestens ausgerüstet. Das waren sie – die Feuerwehrleute, die schon seit Tagen gegen ein gewaltiges Feuer kämpften, das sich durch den Wald und den Busch fraß. Mutige Männer, die mit ihren Fallschirmen über Brände aus Flugzeugen springen. Die mit ihrer Ausrüstung dem Feuer entgegenjagen und sich mitten hineinwagen. Smokejumper. Firefighter. Wahnsinn, wenn ich mir das vorstelle. Ein Heldenstoff für Filme. **Leider an diesem Tag ein Stoff ohne Happy End.**

Ein Blitzschlag hatte kurz vor dem Independence Day im amerikanischen Bundesstaat Colorado einen Waldbrand ausgelöst, der nun schon über eine Woche wütete. Eine Gruppe von Feuerwehrmännern war mit schwerem Gerät unterwegs, um eine Schneise zu schlagen und so dem Feuer das Futter und den Weg abzuschneiden. Plötzlich fegte eine Windböe über die Männer hinweg.

Das nun folgende Drama wurde aus der Luft vom Piloten eines Löschhubschraubers beobachtet. Er schätzte die Windgeschwindigkeit auf mindestens 80 km/h. Ein Eingreifen war nicht mehr möglich. Sein Versuch, mit dem Löschwasser an Bord den Männern einen Rückzug zu ermöglichen, misslang.

Das Feuer übersprang die Schneise und plötzlich waren die Männer auf drei Seiten von der lodernden Flammenwand umgeben. Die vierte Seite begann sich zu schließen. Und zu schließen. Zu schließen. Die Männer rannten um ihr Leben. Versuchten, die Lücke zwischen den Flammenwänden zu erreichen.

Vierzehn von ihnen waren nicht schnell genug. Die Hitze, die ihr Job war, holte sie ein.

DER JETZT-HALT-ICH-ERST-RECHT-FEST-REFLEX

Später wurde untersucht, was genau an diesem Tag im Jahr 1994 geschah. Ein Ergebnis finde ich dabei besonders spannend. Weil es etwas ist, das mir ständig begegnet. Das euch ständig begegnen kann. Das ganz normal ist. Im Leben. Im Geschäft. Etwas Brandaktuelles...

Denn die Untersuchungen zeigten, dass die Feuerwehrleute deswegen nicht schnell genug waren, weil sie schwer bepackt den Rückzug angetreten hatten. Sie hatten den Befehl «Drop your Tools!» einfach ignoriert. Nichts war mit: «Lasst eure Ausrüstung fallen!» Festgehalten haben sie. Ihren ganzen Kram festgehalten. Rund 50 Kilo weiter mit sich rumgeschleppt. Die Kettensägen, Handsägen, Feuerpatschen...

Aber warum taten sie das?

Weil sie alles geübt hatten, was sie für ihren Job brauchten: Aus Flugzeugen springen. Feuer auch ohne Wasser bekämpfen. Sich in unwegsamem Gelände orientieren, fast blind vor Rauch. Aber L-O-S-L-A-S-S-E-N hatten die Feuerwehrleute nicht geübt! Niemals geprobt. Never ever.

DAS PACKT IHR NICHT OHNE ÜBUNG.

Und nicht anders kann es euch ergehen, wenn ihr – unvorbereitet – in Krisen geratet. Wenn ihr in einer Welt unterwegs seid, in der es lichterloh brennt.

Die Herausforderung für euch besteht darin, in kritischen Situationen altvertraute Verhaltensweisen loszulassen – statt reflexartig noch fester zu klammern. Das ist die beste Chance für euch, um mit Veränderungen klarzukommen. Euren Weg zu finden. Nicht einfach überrollt zu werden. Erfolgreich zu sein. Es zu werden. Vor Leidenschaft zu brennen. Und nicht irgendwann ausgebrannt zu sein vor lauter Hilflosigkeit und Stress.

Diese Herausforderung packt ihr aber nicht, wenn ihr euch nicht vorbereitet, wenn ihr ungeübt seid. Loslassen läuft nicht intuitiv. Das muss trainiert werden. Sonst landet ihr ruckzuck beim Jetzt-halt-ich-erst-recht-fest-Reflex.

Für uns alle gilt: Wer sich auf Neues einlässt, muss sich fragen: Was kann ich loslassen, aufgeben, hinter mir lassen? Egal, ob ihr euch euren privaten Dachboden oberhalb eurer Augenbrauen vornehmt oder in euren Unternehmen nach altem Kram Ausschau haltet, der sich halt so angehäuft hat. All diese Gewohnheiten, Regeln, Routinen, Dogmen, eingefahrenen Strukturen, die wie-Unkraut-aus-dem-Boden-geschossenen-Meetings, Denkweisen und erst recht die Denknarrheiten... – Lasst bloß den alten, verstaubten, unnützen, euch belastenden Kram los!

LASST BLOSS DEN ALTEN KRAM LOS!

Ihr wollt Veränderungen meistern – zukunftsfähig sein – in dieser Welt etwas bewegen? Dann mal los. Jetzt heißt es: Entrümpeln und loslassen – und zwar bevor ihr vom Feuer eingeschlossen werdet!

Wer etwas Neues schaffen oder neue Wege gehen will, der steht vor der Frage: «Was muss ich aufgeben, hinter mir lassen?» Der muss sich lösen von seinen eingeübten Routinen, den gelernten Regeln, den eingefahrenen Strukturen. **Die Welt bewegt ihr, wenn ihr das loswerdet, was euch unbeweglich macht**: eure gewohnten Denkweisen und erst recht eure lieb gewonnenen Denknarrheiten

02 SUCH A LOVELY PLACE

Herzlich willkommen im ganz normalen Wahnsinn: Im wild wuchernden Richtlinien-Regeln-Normen-Verordnungs-Vorschriften-so-hat-das-bei-uns-zu-laufen-Wahnsinn.

Wie hoch ist eigentlich der Verregelungsgrad in eurer Firma? Wie sieht es bei euch mit Genehmigungsprozeduren, Durchführungsrichtlinien, Messgrößen, Entscheidungsfindungsprozessen, all den möglichen Regeln und Vorschriften aus?

Meine Beobachtung in Unternehmen ist: Was an V-E-R-R-E-G-E-L-U-N-G möglich ist, das wird auch wirklich gemacht! Das wirkt auf mich oft so, als nehmen Entscheider in Unternehmen die ausufernde Bürokratie als gottgegeben hin. Schulterzucken. «Es ist, wie es ist. Daran können wir nichts ändern! Wir doch nicht!»

So erinnern in vielen Unternehmen die Irrgärten der Bürokratie, in denen sich Führungskräfte und Mitarbeiter alltäglich verlaufen, an das von den Eagles besungene ‹Hotel California›: «Such a Lovely Place» – Du kommst einfach rein. «Aber du kommst hier nie wieder raus.» («But you can never leave!»).

HIER KOMMT IHR NIE WIEDER RAUS!

Damit handeln sich Unternehmen eine Menge Probleme ein: zum Beispiel das Misstrauen-Problem. Oder das Der-stümperhafte-Fechter-triumphiert-über-den-Könner-Problem.

WAS IN DIE MENSCHEN HINEINKRIECHT ...

Ohne Regeln geht es in den meisten Unternehmen nicht. Klar. Ebenso klar ist für mich aber, dass die meisten Regeln in Unternehmen sinnlos sind. «Blödsinn!», wie es Ricardo Semler ausdrückte. Denn: «Sie lösen selten Probleme. Ganz im Gegenteil: In der Regel gibt es irgendeine obskure Ecke im Regelbuch, die die schlimmsten Albernheiten rechtfertigt, die sich Menschen ausdenken können.»

Zum Glück aber gibt es für uns, anders als für die Gäste im Hotel California, aus der Überregelung einen Ausweg: **Denn die fixierten Routinen, die innerbetrieblichen Regeln, sind eben nicht gottgemacht, sondern wurden von Menschen erschaffen.** Vielleicht ja sogar von euch ... «We are all just prisoners here ...» – Ja, aber: «... of our own device.» – Entschieden haben das W-I-R. Also können die Regeln auch von Menschen geändert werden. Zum Beispiel dann, wenn diese Vorschriften euch daran hindern, dass ihr das Richtige im richtigen Moment tut.

REGELN SIND NICHT GOTTGEMACHT.

Und damit sind wir beim Casus knacksus, weswegen mir diese Regelwut auf den Zeiger geht und ich den Hang zur Überregulierung in Unternehmen kritisiere. Ich will nicht alle internen Vorschriften und Leitlinien loswerden. Es geht mir um etwas anderes: Nämlich, dass ihr euch mal anschaut, welche der Regeln wirklich Sinn machen und welche Blödsinn sind. Krempelt eure Ärmel hoch und legt los: **Überprüft die Regeln. Klopft sie ab. Schüttelt sie ordentlich durch. Nicht nur einmal, sondern regelmäßig.** Das ist ein fortlaufender Prozess. Wenn ihr so wollt: Eine-Kreuz-Regel-für-die-produktive-Regellosigkeit. Etwas paradox, ich weiß, aber was soll's. Hauptsache, es hilft. Und deswegen: Bleibt dran, einen Ausweg aus dem Hotel California zu suchen. Fragt euch immer wieder: Leistet die und die und erst recht die Regel wirklich das, was sie leisten soll? Welche toxischen Nebenwirkungen hat sie?

Eine wirklich toxische Nebenwirkung in Unternehmen ist die von Misstrauen geprägte Atmosphäre, die über die Flure wabert. Die unter den Türen hindurch in jedes Büro in die Menschen hineinkriecht.

Wenn ihr in einem Umfeld agiert – dieses vielleicht sogar als Führungskraft prägt –, in dem alles bis ins letzte Detail geregelt ist… In dem jede kleinste Kontrolllücke sorgsam vermieden wird… **Dann steht dahinter die unausgesprochene Unterstellung, dass Mitarbeiter alles, was nicht geregelt ist, sofort und hemmungslos zu ihren Gunsten auslegen würden.** Das ist ein Misstrauensvotum par excellence und eine krasse Demütigung für alle Mitarbeiter, die mit Initiative, Kreativität und Leidenschaft die Zukunft gestalten wollen.

Oder um es deutlicher mit Ed Catmull zu sagen: «Regeln sind erniedrigend für 95 Prozent der Menschen, die sich ohnehin einwandfrei benehmen. Man sollte keine Regeln erfinden, die nur die anderen fünf Prozent im Zaum halten sollen.»

Eure Energie zu nutzen, um diese fünf Prozent auf Spur zu bringen, erscheint mir als Verschwendung. Als Irrsinn, wenn ihr die 95 Prozent, die euer Unternehmen weiterbringen könnten, damit in Fesseln legt.

EIN JAMMERNDER ABGESANG ...

Aus diesem Misstrauen heraus entsteht ein absurdes Geflecht aus Verfahren und Regeln, Prozessen und Dienstwegen, in dem sich die Organisation anschließend unter dem jammernden Abgesang über die eigene Bewegungsunfähigkeit verheddert.

Ein enges Regelwerk erzieht Menschen dazu, Regelbefolger zu werden! Und mit solchen Regelbefolgern holt ihr in disruptiven Zeiten keinen Stich ...

INNOVATION? EINFACH WEGGEREGELT ...

«Der beste Fechter der Welt braucht sich vor dem Zweitbesten nicht zu fürchten!», hat Mark Twain einmal gesagt. «Der Mensch, vor dem er sich hüten muss, ist vielmehr irgendein stümperhafter Gegner, der noch nie zuvor einen Degen in der Hand gehalten hat, denn er tut nicht, was er tun müsste, und so ist der Könner auf sein Verhalten unvorbereitet. Er tut, was er nicht tun dürfte, und das trifft den Meister häufig unversehens und erledigt ihn auf der Stelle.»

Auch wenn Mark Twain schon über 110 Jahre tot ist, ist seine Aussage angesichts der disruptiven Umbrüche draußen in den Märkten topaktuell. Marktführer werden selten von der Nummer 2 im Markt attackiert, die noch ein bisschen effizienter oder noch ein bisschen günstiger ist. Nein: Der gefährliche Stich, die tödliche Attacke, kommt immer häufiger von Außenseitern, die mit den existierenden Überzeugungen und Dogmen einer Branche nichts am Hut haben.

Und genau solche Außenseiter, solche Rebellen, braucht ihr in eurem Unternehmen, um gut durch diese Zeiten zu kommen.

SOLCHE AUSSENSEITER BRAUCHT IHR!

Deswegen solltet ihr euch nicht allzu sehr an Regeln klammern. Verregelung ist ganz klar eines von den Dingen, die ihr unbedingt L-O-S-L-A-S-S-E-N solltet.

«Vorschriften und Regelungen sind Innovationskiller. Menschen geben ihr Bestes, wenn sie unbelastet sind», heißt es bei Netflix. In der Umsetzung bedeutet das zum Beispiel, dass Mitarbeiter im Unternehmen selbst über ihre Ferientage und Arbeitszeiten entscheiden. Bei Netflix gilt völlige Zeitsouveränität für alle Mitarbeiter.

Wie sieht es bei euch mit der Arbeitsregelung aus?

Mit Mitarbeitern und Führungskräften, deren Produktivität sich im vorauseilenden Regelgehorsam erschöpft, den Regelgeleiteten-Standardgläubigen-Erfüllungs-Anwesenden, ist kein Staat mehr zu machen. Unternehmen sollten auf Selberdenker setzen. Auf Menschen, die Bock darauf haben, sich auch in der Arbeitswelt intelligent zu verhalten. Die wissen, wie man konstruktive Kritik übt und auch annimmt. Die sich nicht scheuen, auch mal neben der Spur zu agieren, um mit einer vernünftigen Risikobereitschaft die gemeinsame Sache voranzubringen.

MIT REGELGELEITETEN-ERFÜLLUNGS-ANWESENDEN IST KEIN STAAT ZU MACHEN.

Solche Menschen brauchen in Unternehmen Freiraum und Luft zum Atmen. Nur: Woher die nehmen, wenn nicht stehlen?

Denn das setzt Vertrauen voraus. Und genau an diesem Vertrauen hapert es. Und so killt die Last der Regeln und Vorschriften immer noch die Innovationskraft und Eigenverantwortung, die eigentlich den Menschen innewohnt. Einfach W-E-G-G-E-R-E-G-E-L-T!

HAT SICH AUSGEKURT ...

Aber das lässt sich nicht von heute auf morgen ändern. Schon gar nicht nach dem Motto: «Fight Fire with Fire!» Wie durch eine Vorschrift: «Ab sofort gilt: Seid anders, nicht regelkonform, seid mutig, kreativ und innovativ!»

Mut und frisches Denken lassen sich nicht verordnen. Genauso wenig wie übrigens auch Motivation. Auch wenn Kuren zur Motivationsverstärkung, wie zum Beispiel «Jetzt-seid-mal-schön-motiviert-Seminare», noch immer auf den Rezeptblöcken von Entscheidern stehen.

Aber Menschen müssen nicht motiviert werden. Sie sind es bereits. Das jedenfalls werdet ihr feststellen, wenn ihr euren Mitarbeitern mit einem Vertrauensvorschuss begegnet. **Ach herrje! Die wollen ja nicht nur produktiv arbeiten, die können das auch!** Jedenfalls dann, wenn man sie lässt. Wenn ihnen nicht eine von Misstrauen vergiftete Atmosphäre ins Hirn kriecht.

Entscheidend ist, dass erwachsene Menschen erwachsen sein dürfen. Dass sie nicht wie ein kleines Kind behandelt werden, bei dem man davon ausgeht, dass ohne klare Anweisungen und anschließende Kontrolle einfach nichts passieren würde. Dass es sich niemals aus eigenem Antrieb die Zähne vernünftig putzen würde.

Aber so weit sind viele Unternehmen noch nicht. Da werden Mitarbeiter noch immer zum Zähneputzen geschickt. Und: «Jaa, Mund auf ... Sag: AHHH. Hast du auch schön brav die Zähne geputzt?»

Denn das erfordert durchaus Mut, ins Vertrauen reinzuspringen. Die Leute in unseren Unternehmen wie Erwachsene zu behandeln, die eigene Entscheidungen treffen und volle Verantwortung tragen können. Und für euch erfordert es manchmal auch die Kraft, einem aus lauter antrainierter Gewohnheit nach Anweisungen fragenden Mitarbeiter zu signalisieren: Not my business. Klär's mit den Kollegen.

NOT MY BUSINESS.

Dieser Mut ist ein Mut zum N-E-I-N. Nein zu Wir-machen-einfachso-weiter-wie-bisher. Nein zu: **Gut geregelt ist fast gewonnen**. Dieses Nein ist der Wille, sich in etwas zu üben, das ihr eine Kunst des Weglassens nennen könnt. Eine Kunst, welche ein Rebel Mind hervorragend beherrscht: Die Kunst, euch von dem Imperativ zu lösen, die Welt mit Regeln in den Griff bekommen zu müssen.

Anstatt also unter der Knute eines unbedingten JA zu Vorschriften und Regeln zu stehen ... Immer wieder neue Vorschriften und Regeln zu ersinnen ... Neue Controlling-Tools, neue Berichte, neue Formulare einzuführen ... – sagt ihr Nein zu diesem Imperativ!

Die Führungskräfte, Manager und Entscheider, die ich gerne sehen möchte, sind Meister darin, ihr Unternehmen so zu führen, dass sie etwas besser machen, indem sie etwas N-I-C-H-T mehr tun: Nicht mehr dieses oder jenes Meeting anberaumen. Nicht mehr für dies oder das eine Genehmigungsschleife erwarten.

FÜHREN HEISST AUCH, ETWAS NICHT MACHEN.

Sie sind ganz groß darin, den Bürokratiesumpf trockenzulegen, indem sie das loslassen, was die Menschen lahm und starr und regelkonform-stumpf-dumpf macht. Indem sie ersatzlos all das Zeug weglassen, das den Menschen in ihrem Unternehmen die Zeit und Energie raubt, ihnen die Kreativität und die Lust an ihrem eigenen Tun austreibt.

Also, wie sieht es bei euch mit der Verregelung aus? Wie steht es bei euch mit einem klaren N-E-I-N bei den Dingen aus, die euch fesseln? Wie gut seid ihr darin, Dinge loszulassen?

Was unserem Unternehmen gut tun würde? Nicht die Macher, sondern die Lasser. Diejenigen, die es einfach mal sein lassen, sich an der üblichen Standardisierungswut zu beteiligen. Die Nein sagen zu denen, die immer mehr Regeln machen wollen. **Die Ja sagen zur Kunst eines Regelminimalismus.** Menschen mit einem Rebel Mind, denen der Sinn wichtiger ist, als dass etwas geregelt ist.

03 **FOMO**

Eine Seuche breitet sich aus. Ich denke, der gefährliche Keim hat schon immer in uns geschlummert. Gewartet. Auf die rechte Gelegenheit. Auf den besten Nährboden, um die Welt zu erobern.

Harmlos erschienen uns kleinere Ausbrüche. Nichts als persönliche Unpässlichkeiten. Ein nicht ernst zu nehmender Tick, dem sich der eine oder andere hingab. Doch harmlos war gestern.

Denn wir haben mit unseren Social Media genau den Nährboden geschaffen, der für eine explosionsartige Ausbreitung des Übels sorgte: Und heute ist diese Seuche namens **FOMO** überall.

Mehr und mehr Menschen sind mit ihr infiziert und verbreiten sie weiter. Stecken ihre Liebsten an, ihre Familien, ihre Kollegen ...

WAS GEHT AB?!

FOMO – die «Fear of Missing Out», die Angst etwas zu verpassen, hat so viele Menschen in ihrem Griff.

Sie können nicht anders, als ständig ihre Social-Media-Kanäle zu checken. Ihre Facebook-Updates. Instagram-Feeds. LinkedIn-Stories. Ihre WhatsApp-Gruppen-News-und-hallo-wichtig-Nachrichten. Um nicht Gefahr zu laufen, nicht auf dem Laufenden zu sein. Was geht ab?!

Und die Seuche beschränkt sich schon lange nicht mehr auf die Social Media. Sie sickert mehr und mehr in die tägliche Arbeit hinein. Oder wie sieht es bei euch mit dem alltäglichen E-Mail-Wahnsinn aus? Einer digitalen Dauerablenkung durch ein Tool wie Slack oder vergleichbare Plattformen? Den technischen Möglichkeiten und dem Anspruch, diese auch nutzen zu müssen, immer und überall erreichbar zu sein?

Keine verschlossenen Türen, kein Funkloch, kein Aus-Knopf. Kling-pling-Hallo-ringel-Wichtig-Dingeling… **Es ist ein heftiges Missverständnis in unserer Arbeitswelt, dass mehr Kommunikation automatisch zu besseren Arbeitsergebnissen führen würde.** Ganz im Gegenteil: Wer ständig auf allen möglichen Kanälen erreichbar ist, kultiviert eine rasende Oberflächlichkeit.

KLING-PLING-HALLO-RINGEL-WICHTIG-DINGELING!

FOMO hat hier, wie auch bei den Sozialen Medien, ganze Arbeit geleistet. Erinnert mich an Toxoplasmose: diesen gruseligen Parasiten, der Mäuse befällt und deren Verhalten so verändert, dass die vor Katzen keine Angst mehr haben. Maus rennt zur Katze. Und zack. Gefressen. Der Parasit hat sein Ziel erreicht: die Katze, seinen Endwirt.

Gerade die, die Angst haben, etwas zu verpassen, verpassen alles, weil sie nie wirklich bei einer Sache dabeibleiben. Und vor allem: sich nie entscheiden.

FEAR OF MISSING OUT

Denn wie sollte ich mich auch entscheiden, wenn es so viele Möglichkeiten gibt? So viele Dinge, die ich erleben könnte, erfahren, mit meiner Handykamera aufnehmen, auf Social Media teilen, wenn ich denn nur dabei wäre…

Der Name der Katze, vor deren Maul man läuft, wenn man mit FOMO infiziert ist, lautet: «Ich halte mir alle Türen offen!» Bevor man sich wirklich von ganzem Herzen für eine Option entscheidet: M-I-A-U! Und zack. Gefressen. Neues Spiel, neues Glück.

Die Angst, etwas zu verpassen, läuft eklatant darauf hinaus, keine Entscheidung zu treffen. Keine Option zu wählen. Denn wenn ihr JA zu einer Wahl sagt, schwebt ihr immer in Gefahr, zu einer anderen Option NEIN sagen zu müssen.

Also warum JA sagen? Wenn doch immer eine noch spannendere Möglichkeit um die Ecke kommen könnte? Ein interessanterer Job? Eine noch coolere Wohnung an einem noch schöneren Ort, zusammen mit einem nun wirklich noch tolleren Partner?

Die Angst, das noch tollere Neue zu verpassen, und jedes Neue ist noch toller, geht um. Das Ich-muss-überall-dabei-sein-Spiel macht Menschen rastlos. Macht sie atemlos – und nicht nur «durch die Nacht». Sie hetzen durch ihr Leben, weil immer eine neue Chance lockt.

UND EWIG LOCKT DAS NEUE …

Das könnt ihr auch in Unternehmen erleben: Da werden immer wieder neue Projekte angestoßen. Ausschau nach dem neuesten Methodenzug gehalten, auf den ihr aufspringen könnt. Jeder neue Management-Besen wird ausprobiert, bis das nächste große Ding ansteht, das einfach besser fegt. Hauptsache: Es geht was. Was Neues …

NIE HEIMISCH IM LEBEN

Es gibt so viele Möglichkeiten, so viele Projekte und das Leben ist so kurz. Das gibt der Angst, vielleicht eine nicht so tolle Möglichkeit zu wählen, ihr Gewicht. Wie sollt ihr euch nur für die richtigen Möglichkeiten entscheiden? Nun, besser gar nicht... M-I-A-U!

Sich nicht entscheiden ist der Versuch, nicht an seinen Entscheidungen zweifeln zu müssen und sich so negative Gefühle einzuhandeln. Denn daran ist nicht zu häkeln: Jede eurer Entscheidungen ist immer ein Abschied von Optionen. **Entscheiden heißt verzichten.** Das ist mit mehr oder weniger großen Trennungsschmerzen verbunden. Entscheiden heißt: Eine Tür öffnen, um hindurchzugehen und eine andere zu schließen.

Wer sich alle Türen offenhält, nie durch eine Tür hindurch den nächsten Raum betritt, der verbringt sein Leben auf dem Flur.

All die Helgas-und-Hansdampfe-immer-und-überall-in-allen-Gassen bleiben draußen, vor den Türen, auf den Gassen, sie werden nie wirklich heimisch im Leben. Weil sie ihr Leben nie wirklich wählen.

Alles tun. Überall dabei sein. Immer zugreifen. Nichts verpassen. Und deswegen auch niemals die Verantwortung für die Folgen einer Entscheidung übernehmen. Das FOMO-Versprechen einer Hyperlink-und-klick-ab-zum-nächsten-Reiz-Glückseligkeit.

Eine trügerische Verheißung, gegen die ihr euch wappnen solltet. Vielleicht so, wie ich das mache: Eine satte Dosis Freude der Angst entgegensetzen. Mit JOMO, der Joy-of-Missing-Out, der FOMO ihre Ansteckungsgefahr nehmen. Indem ihr euch dem, was als Standard grassiert, verweigert.

Das Leben steckt voller Möglichkeiten. Allerdings ist unser Leben zu kurz, um all diese Möglichkeiten auszuschöpfen, auszuprobieren oder abzuchecken. Und so ist die Gefahr groß, vielleicht die falsche Option zu wählen. Eine Gefahr, die vielen Angst macht und sie deshalb vor der Wahl zurückschrecken lässt. **Eine Gefahr, die euch nicht schrecken sollte:** Rebels wissen: Wer nicht wählt, wird nie heimisch im Leben.

04 DIE WERKSEINSTELLUNGSBENUTZUNGSVERSCHMÄHUNGSVERWEIGERER

«Ich trage nur graue oder blaue Anzüge», sagte Barack Obama als Präsident und erklärte: «Ich versuche Entscheidungen zu minimieren. Ich will keine Entscheidungen darüber treffen, was ich anziehe oder esse, weil ich zu viele andere Entscheidungen zu treffen habe.»

Eine kluge Strategie, finde ich! Sehr sinnvoll bei alltäglichen Dingen. Denn solche Routinen erleichtern euch das Leben: Legt ihr den Schlüsselbund beim Heimkommen immer in der gleichen Schale ab, dann braucht ihr ihn am nächsten Tag nicht zu suchen. Geht ihr immer in den gleichen Laden und kauft dort die gleichen Dinge, dann spart ihr Zeit.

Mit Routinen im Alltag könnt ihr eine Menge Gehirnschmalz sparen, weil ihr auf Autopilot unterwegs seid. Und ihr das, was ihr dabei an Zeit und Aufmerksamkeit spart, ja – Achtung, Tusch! Taraaaa! – das könnt ihr dann in die wirklich, wirklich wichtigen Überlegungen investieren. Nämlich in die Dinge in eurem Leben, die ihr N-I-C-H-T automatisch angehen solltet. Die Hier-braucht-ihr-allen-Hirnschmalz-und-alles-Herzblut-Dinge. Die großen Fragen des Lebens ...

EIN SANFTES RUHEKISSEN

Genau diese großen Fragen bleiben dann aber oft aus. Denn die Routinen haben ihre ganze eigene Kraft. So eine Art Beharrungs- und-Reflexion-ist-doof-Magnetismus, der seine Power aus dem Immergleichen bezieht: Aufstehen – ab zur Arbeit – einkaufen – heimkommen – sporteln – vor dem Fernseher abhängen – schlafen. Und am nächsten Tag geht's weiter: Aufstehen – arbeiten – ablenken – ablegen. Aufstehen – arbeiten – ablenken – ablegen. Bis zum Wochenende durchhalten – bis zum Urlaub durchhalten – bis zur Rente durchhalten ... – das kann einen mächtig einlullen.

ACHTUNG: REFLEXION-IST-DOOF-MAGNETISMUS!

Routinen sind dann ein sanftes Ruhekissen. Und ruht ihr erst einmal allzu bequem auf diesem Kissen, dann hört ihr auf, nach mehr zu fragen. Zum Beispiel: Welche Werte sind euch im Leben wichtig? Und: Wie ist euer Leben nach diesen Werten ausgerichtet? Welcher Mensch wollt ihr sein?

Für solche Sinnfragen bleibt oft keine Energie mehr. Keine Kraft mehr für die Selbstprüfung. Verrückt, wie viele Menschen sich mit alltäglichen Fragen irre lange aufhalten, sich aber für die großen Fragen keine Zeit nehmen. – Und um hier noch einen Schlenker zu den großen Fragen zu machen, für die ich schon lange alltäglich meinen Hirnschmalz und mein Herzblut in die Waagschale werfe: Die Selbstprüfung bleibt auch bei den Managern in Unternehmen oft in der wohligen Weichheit von Komfortzonen stecken.

«Das ungeprüfte Leben ist nicht lebenswert!», sagt Sokrates. Stimmt! – sage ich. Und mit Blick auf Unternehmen gilt zudem, dass ungeprüfte Routinen, die Erfolge von gestern, der Feind des zukünftigen Erfolges sind. **Vergangene Erfolge sind wie ein nicht mehr passender, verschlissener Anzug.** Wie ein Anzug, den ihr an eurer Hochzeit getragen habt, indem ihr so schmuck und glücklich mit eurer Frau getanzt habt – und der nun im Schritt zwackt und klemmt und am Ranzen spannt ...

VERGANGENE ERFOLGE
SIND WIE EIN ALTER ANZUG.

Ein wichtiger Punkt, den ihr prüfen könnt, den Sokrates natürlich noch nicht auf dem Schirm hatte, der aber tief in euer Leben und in euer Unternehmen hineinschauen lässt, ist: Welche Webbrowser benutzen eure Mitarbeiter? Welchen Browser benutzt ihr?

SURFT IHR UNTER EUREN MÖGLICHKEITEN?

Sagt mir, welchen Browser ihr benutzt, und ich sage euch, wer ihr seid.

Na ja, nicht ganz. Aber doch recht genau. Und wenn ihr wissen wollt, wie leistungsfähig und engagiert eure Mitarbeiter sind, dann stellt ihnen doch mal die Frage nach ihrem bevorzugten Browser ...

Denn laut einer höchst interessanten Studie zeigen statistisch abgesicherte Daten, dass Firefox- und Chrome-Nutzer im Vergleich zu Internet Explorer- und Safari-Nutzern die Nase vorn haben, wenn es um die Leistungsfähigkeit geht.

Warum ist das so? Und jetzt wird es so richtig interessant ... Denn dieses Ergebnis hat nichts mit technischem Know-how oder Computerfertigkeiten zu tun, da diese bei den untersuchten 30.000 Personen weitgehend vergleichbar waren. Es geht auch nicht um die technische Leistungsfähigkeit der jeweiligen Browser.

Vielmehr geht es um die Art und Weise, wie die Nutzer zu ihrem Browser gekommen sind.

Denn der Internet Explorer (bzw. Edge) oder Safari sind als Standardprogramm auf den Windowsdosen oder den Apples vorinstalliert. Und wenn standardmäßig der Standardbrowser mit seinen Standardeinstellungen akzeptiert wird, dann sind Leistungsfähigkeit und Engagement der User weniger ausgeprägt. So die Studie. Wer ohne darüber nachzudenken, ob ein anderer Browser vielleicht besser wäre, durch die Welt surft, den haut es ständig vom Brett, weil er es einfach nicht drauf hat. Oder der surft unter seinen Möglichkeiten durch den Job und durchs Leben...

STANDARDEINSTELLUNGEN: JA ODER NEIN?

Ich weiß, dass diese Idee ihre Grenzen hat. Zum Beispiel, wenn ein Nutzer durchaus bereit wäre, den Browser zu wechseln. Er dann aber nach ausgiebigem Ausprobieren zum Schluss kommt, dass der vorinstallierte Browser einfach besser ist.

Was mir aber an dem Ergebnis dieser Studie gefällt, ist das **Prinzip der Nichtakzeptanz** des Vorgegebenen.

Das gilt natürlich nicht nur für Internetbrowser – auch unser Handy können wir nach unseren Wünschen anpassen, indem wir die Standardeinstellungen ändern.

Und natürlich gilt das nicht nur für technisches Equipment – es gilt für euer ganzes Leben: euren Job, eure Karriere, eure Partner- und Freundschaften, euren Wohnort... – und es gilt auch für Unternehmen.

Ihr habt immer die Wahl: Ihr könnt die Standardeinstellungen ändern oder es bleiben lassen. Ihr könnt zu Werks-Einstellungs-Benutzungs-Verschmähungs-Verweigerern werden, zu Rebels – oder es euch auf dem sanften Ruhekissen der einmal vorinstallierten Routinen gemütlich machen.

«Reflexion stört Routine! Und das macht sie nicht sonderlich beliebt ...», so sieht es aus. Und so ist das der gängige Standard: Schaut euch um und ihr werdet vermutlich erkennen, dass ihr in einer Welt lebt, in der die Mehrheit der Menschen den vorinstallierten Lebensbrowser verwendet und in ihrem Leben das akzeptiert, wie «man es eben macht».

Aber das möchte ich nicht. Ich will mein Leben auf meine Weise konfigurieren. Ich will mehr als einfach nur den Standard. Und deswegen kommen meine Einstellungen immer mal wieder auf den Prüfstand.

ICH WILL MEIN LEBEN
AUF MEINE WEISE KONFIGURIEREN.

Weil ich erfahren will, ob mich das, was mich hierhergebracht hat, auch noch weiterbringt. Oder ob ich dem verführerischen, einlullenden Gesang der Standards und Routinen verfallen bin – und auf die Klippen des Stillstands zusteuere.

Ich liebe Elizabeth Gilbert und verschlinge jedes Interview und jedes Video mit ihr. In einem ihrer großartigen TED-Talks sagt sie: «Creativity must survive its own success.»

Und genau so ist es: In dem Moment, in dem wir glauben, es geschafft zu haben, hören wir auf zu lernen und zu wachsen. In dem Moment, in dem wir glauben, die Antworten zu kennen, hören wir nicht mehr zu. Das gilt für jeden von uns genauso wie für Unternehmen, die sich auf den Erfolgen von gestern ausruhen.

Ich will nicht im Tiefschlafmodus meiner vergangenen Erfolge verharren, mich im Immergleichen meiner Routinen im Kreis drehen. **Ich will in dem Anzug, den ich wähle, cool aussehen und nicht wie ein alter, verlauster Kleidersack.** Was wollt ihr?

Routinen sind ein mit Vorsicht zu genießender Stoff, bei dem es auf die Dosis ankommt: Die richtige Dosis kann uns leichter durch den Alltag bringen, weil uns Gedanken über unwichtigen Kram erspart bleiben. **Aber in zu hoher Dosis macht Routine denkfaul.** Standardtrunken. Also passt auf, dass ihr die für euch passende Dosis erwischt.

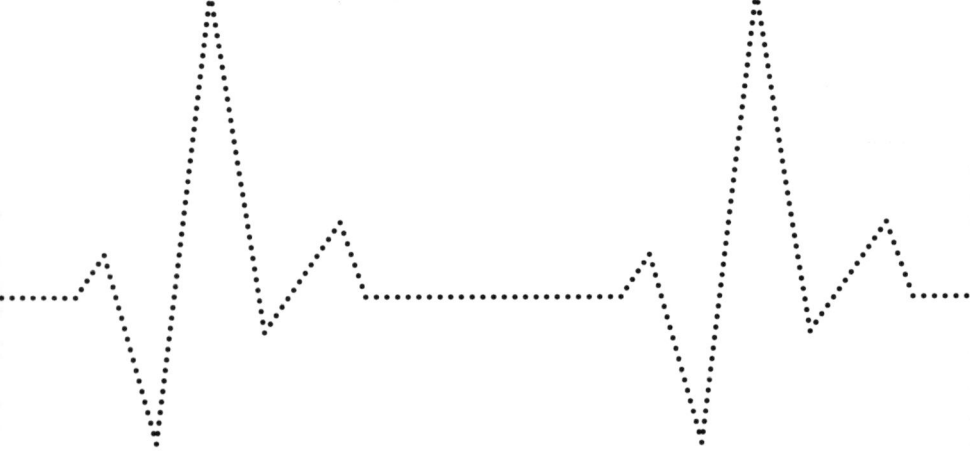

05 REQUISIT MIT PULS

«Schon wieder zwei Stunden Lebenszeit verschenkt. Nur weil du unbedingt zu Tante Edeltraut und Onkel Eberhard wolltest! Du könntest eigentlich wissen, wie die mich nerven!»

«Mensch, was bringst du mir auch einen Burger-Woppel-Doppel mit? Jetzt habe ich zu viel gegessen.»

«Jetzt regnet es schon wieder. E-I-G-E-N-T-L-I-C-H wollte ich doch joggen gehen ...»

«Hey, für den Strafzettel kann ich eigentlich rein gar nichts. Der Verkehr floss, bin nur mitgeschwommen. Und zack! Blitz! Zu schnell. Ist das denn richtig?!»

SORRY. ABER WER SOLL SICH DABEI KONZENTRIEREN? DIE KOLLEGEN HALTEN MICH MIT IHREM GETRATSCHE IMMER VON DER ARBEIT AB!

Eigentlich … Gerne landen Menschen, wenn sie etwas tun, was sie eigentlich nicht so gut finden, bei äußeren Umständen. Sie würden ja eigentlich gerne dies und das – aber da stehen ihnen die Umstände im Weg, die sie nicht beeinflussen können.

Aber ist es wirklich der Partner? Das Wetter? Die Kollegen? Die Umstände? Seid ihr wirklich so von außen gesteuert, dass ihr eigentlich-so-gar-nicht-anders-könnt?

JA! – Wenn ihr in dem Stück, das euer Leben ist, einfach nur ein Requisit seid, das andere nach Belieben über die Bühne schieben, um selbst im Rampenlicht zu stehen.

NEIN! – Wenn ihr versteht, dass ihr immer eine Wahl habt. I-M-M-E-R. Dass ihr immer anders könnt – und das nicht nur eigentlich …

«Menschliches Verhalten wird nicht von den Bedingungen diktiert, die der Mensch antrifft, sondern von den Entscheidungen, die er selbst trifft», sagt Viktor Frankl.

Somit beruhen die Umstände, in denen ihr euch gegenwärtig bewegt, immer auf euren eigenen Entscheidungen aus der Vergangenheit. Das Problem ist nur, dass wir das eine mit dem anderen häufig nicht in Verbindung bringen.

Dennoch entscheidet ihr euch, zu Tante Edeltraut und Onkel Eberhard mitzugehen, zum Beispiel weil ihr Ärger aus dem Weg gehen wollt oder weil ihr Zeit mit eurem Partner verbringen wollt. Oder ihr entscheidet euch dagegen.

Oder ihr entscheidet euch für den Burger-Woppel-Doppel, zum Beispiel weil ihr Hunger habt oder weil ein Burger-Woppel-Doppel euch so megageil schmeckt, auch wenn er euch träge aufs Sofa nagelt. Oder ihr entscheidet euch dagegen.

Ihr entscheidet euch, lieber als Requisit auf der Bühne eures Lebens zu stehen, anstatt als Hauptdarsteller den Ton anzugeben.

WER HAT GESAGT, IHR MÜSST?

«Also, die Lofoten, die MUSST du gesehen haben!», sagte mir neulich eine Bekannte. Dann, mit Blick auf die Uhr: «Tut mir leid, aber ich MUSS jetzt. Aber wir MÜSSEN uns unbedingt mal wieder treffen.»

MUSS sie wirklich?

MÜSSEN wir wirklich?

MÜSST ihr wirklich all das tun, von dem ihr sagt, dass ihr es tun müsst?

Es geht mir nicht um Wortklauberei, sondern um Achtsamkeit. Denn euer Denken prägt eure Sprache, eure Sprache prägt euer Denken und irgendwann seid ihr das, was ihr denkt und sagt. **Und da lohnt es sich schon darauf zu achten, was ihr von euch gebt und was in eurem Kopf vorgeht.**

Bei Kleinigkeiten mag sich das für euch nach Haarspalterei anhören, aber so wie ihr im Kleinen oft glaubt, zu «müssen», so glaubt ihr das oft auch bei bedeutenderen Entscheidungen im Leben.

Statt «Nein, ich will das nicht!» zu sagen und zu denken, sagt und denkt ihr dann «Ich musste es so tun!». Und das ist dann oft unreflektiert und unehrlich.

WIDERSTAND IST UNWIDERSTEHLICH!

Vielen Menschen ist die aktive Rolle, die sie spielen, nicht bewusst. Sie erleben sich als Opfer der Umstände. Wer muss, der tut so, als sei kein Widerstand möglich. Er hofft damit auf den einfacheren Weg, denn so kommt er ja um die Begründung herum und gibt die Verantwortung für das Ergebnis ab: Jemand oder etwas bestimmt. Und er selbst ist es scheinbar nicht. – Versucht es mal in einem solchen Fall mit der einfachen Gegenfrage: Wer hat gesagt, ihr müsst? Ich finde, Widerstand ist nicht nur möglich, er ist unwiderstehlich ...

DIE LUST DER WAHL

Friedrich Nietzsche schreibt mit dem Hammer philosophierend in seiner ‹Götzendämmerung›: «Hat man sein Warum des Lebens, so verträgt man sich fast mit jedem Wie.»

Und das bedeutet für euch im Umkehrschluss: Wenn ihr kein Warum habt, keinen Sinn, für den es sich zu leben lohnt, dann landet ihr rasend schnell dabei, dass ihr mit eurem Leben hadert. Und hadert. Und hadert. Denn seid ihr zum Beispiel unzufrieden in der Partnerschaft oder euch käst das an, dass ihr den Hintern nicht hochkriegt, um egal-wie-das-Wetter-ist-die-tägliche-Runde-zu-laufen! Oder ihr seid unzufrieden im Job. Selbst wenn ihr satt Geld verdient. Selbst wenn alle anderen euch für erfolgreich halten.

In vielen Fällen fehlt Menschen in solchen Hader-Situationen dann ganz einfach der Mut, etwas zu verändern. Vor lauter Furcht, etwas anderes zu tun, latschen sie lieber in ihrem täglichen Trott weiter einfach so vor sich hin. **Als wenn sie alle Zeit der Welt hätten – und nicht schon beim nächsten belanglosen, sinnlosen, warumlosen Schritt der Hammer für sie fallen könnte.**

Stattdessen werden Ausreden über Ausreden erfunden: «Ich und zu schnell fahren? Das kann nicht sein. Die Umstände sind schuld. Die Kollegen. Das Wetter. Der Vollmond.»

Als mir für mein Leben und Arbeiten der Sinn klar geworden ist, warum ich eigentlich tue, was ich tue, habe ich meine W-A-H-L, meine Entscheidungen getroffen.

Deswegen lest ihr heute diese Zeilen von mir.

Deswegen ist es für so einige Leute ein echtes Kreuz mit mir zu reden, weil ich entschieden habe, keinen Smalltalk aus Verlegenheit zu führen, sondern Klartext.

Deswegen esse ich kein Fast Food und sitze nicht vorm Fernseher. ch verbringe meine Zeit auch nicht mit Menschen, die mich nerven. Aber ich mache das nicht, weil ich irgendwas verteufeln will. Ich mache diese Dinge deshalb nicht, weil sie für mich persönlich überflüssig sind. Kann weg!

Und ich sage es euch: Der Lohn ist gewaltig. Ich hätte nicht geglaubt, wie vieles ich in meinem Leben akzeptiert habe, ohne das ich eigentlich wunderbar auskomme.

Lasst das Lähmende-Energiesaugende-euch-lahm-aufs-Sofa-Nagelnde einfach weg. Das hält den Kopf frei fürs Wesentliche: Bei mir ist es das Denken, Schreiben, Ideen zusammenführen, Inhalte produzieren. Plötzlich ist viel mehr Raum dafür da. Und Zeit sowieso.

Weil ich lustvoll meine Wahlmöglichkeiten nutze.

Denn als ich einmal den Mut gefasst hatte, meinem eigenen Warum zu folgen, merkte ich, wie viel Freude es mir macht, der zu sein, der ich sein will.

DRUCKST NICHT IM DUNKELN RUM

Nelson Mandela sagte bei seiner Antrittsrede als Staatspräsident von Südafrika: «Jeder Mensch ist dazu bestimmt, zu leuchten! Unsere tiefgreifende Angst ist es nicht, dass wir ungenügend sind. Unsere tiefgreifende Angst ist, über das Messbare hinaus kraftvoll zu sein. Es ist unser Licht, nicht unsere Dunkelheit, die uns am meisten Angst macht.»

Jeder von euch hat die Wahl, zu tun, was ihr tun wollt: Eure Talente zu entdecken und etwas daraus zu machen. Mit den Menschen zu leben, mit denen ihr leben wollt. Als Rebel zu leben – oder vor euch hinzudämmern, als Teil der Kulisse im Hintergrund der Bühne der anderen. **Das Stichwort, das die Souffleuse euch aus ihrem Kasten zuflüstert, lautet: Verantwortung. Also: Raus ins Rampenlicht!**

Wer eine Hauptrolle spielen will, sollte vor dem Rampenlicht keine Angst haben. Die Verantwortung nicht scheuen. Es ist eure Wahl.

Eure Entscheidung. Euer Leben. Nicht die Umstände bestimmen, sondern ihr selbst.

Jeder hat die Wahl, ob er Hauptdarsteller oder Requisit mit Pulsschlag sein will. Ob er im Mittelpunkt seines eigenen Lebensstücks steht oder nur am Bühnenrand im Dunkeln herumdruckst.

Das Wetter, die Zeit, die Arbeit ... Irgendetwas hindert sie immer daran, das zu tun, was sie eigentlich tun wollen. Und so erleben sie sich als Marionetten, die an den Fäden eines unentrinnbaren Schicksals zappeln: «Das muss so sein! Darauf habe ich keinen Einfluss. Widerstand unmöglich!» **Aber Widerstand ist nicht nur möglich, er ist für einen Rebel Mind unwiderstehlich!** Kappt die Fäden des Muss!

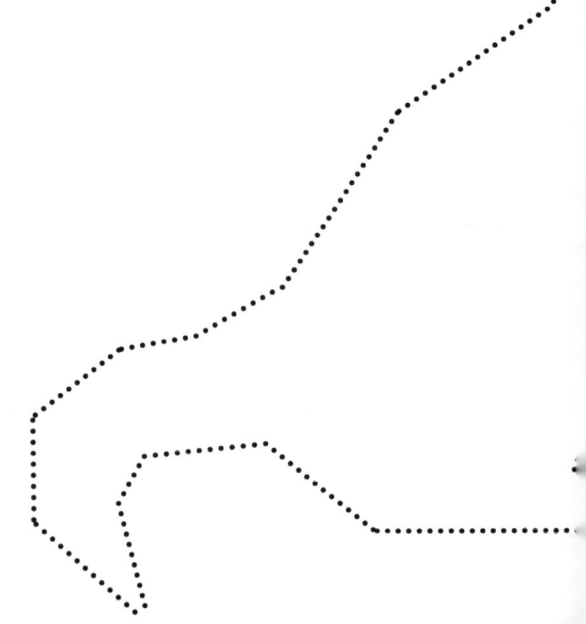

06 IM RUDEL GÜN-STIGER

Mimimimimi. Und ja: Lob-Huddel-Dei-li-Dei. Dann: Klatsch. Klatsch. Genau! Da bin ich ganz-d'accord-und-ja-so-was-von-total-bei-Ihnen! Puh – was ich bei manchen Podiumsdiskussionen erlebe, ist eine glatte Zehn auf der Nervensägen-Skala. Alles so schön konform hier ... und austauschbar.

Langweilige Meinungsmonokultur, bleierne Harmoniesucht - was ich dann erlebe, ist das genaue Gegenteil von kritischer Auseinandersetzung, von echtem Meinungsaustausch, von einer Diskussion, die diesen Namen verdient. Das genaue Gegenteil einer Begegnung von Menschen, die diese Menschen - geschweige denn die Zuhörer - in irgendeiner Weise weiterbringt. **Eine langweilige Konsenspampe ohne Nährwert** – äh, Mehrwert.

ALLES SO SCHÖN KONFORM HIER ...

Aber ihr solltet euch klarmachen: Nicht der Konsens, sondern der Dissens verbessert eine Diskussion. Denn Meinungsverschiedenheiten zwingen euch dazu, zu begründen, warum ihr etwas anders sieht.

Aufrichtig und zivilisiert Meinungsunterschiede auszutragen, ist ein Zeichen gegenseitiger Anerkennung.

Auf Harmoniesucht und Konformität zu setzen, ist im Umkehrschluss eine unverfrorene Unhöflichkeit. Kein guter Ton. Und etwas, das weder uns als Gesellschaft noch unsere Wirtschaft in irgendeiner Weise voranbringt. Im Gegenteil.

KNOCK-OUT

10 – 9 – 8 … 2 – 1 – AUS! Das Industriezeitalter und die damit verbundene Kultur der engen Vorgaben, strikten Hierarchien und dumpfen Routinearbeit ist auf den Brettern. **Knock-out durch ein verändertes Wirtschaften.**

Willkommen neue Arbeit! Willkommen Freiheit und Selbstbestimmung! Denn in einer Welt, deren Grundfeste nicht mehr durch enge Vorgaben, strikte Hierarchien und dumpfe Routinearbeiten erbaut werden, sind es eben die freien und selbstbestimmten Geister, die das Neue hochziehen.

Diese Menschen sind es, die gebraucht werden. Die Erneuerer, die an einem neuen Zeitalter bauen.

WO SIND SIE, DIE FREIEN GEISTER?

Insofern müssten doch diejenigen, die sich Freiheit und Selbstbestimmung noch nicht so recht zutrauen, eigentlich dankbar sein, dass es andere gibt, die vorangehen und nach neuen Antworten suchen. Dass es Menschen mit einem Rebel Mind gibt.

Müssten sie eigentlich … tun sie aber nicht. Zwar werden die alten Maßstäbe der neuen Zeit längst nicht mehr gerecht, aber das bedeutet noch lange nicht, dass das alte Denken auf dem Rückzug ist. Schon klar: Wer mehr als nur durchschnittliche Ergebnisse will, braucht unterschiedliche Meinungen und Standpunkte. **Wer Kreativität will, muss Vielfalt begrüßen, nicht Einfalt. Theoretisch sind alle dafür.**

Aber so etwas wie Vielfalt ist in dem alten Denken, das immer noch ungemein einflussreich ist, nicht vorgesehen.

WER IST EUER HERRENAUSSTATTER?

Gerne möchte ich euch ein paar Jahre zurückbeamen. London. Ein Vortrag des Managementvordenkers Tom Peters. Der Saal voll besetzt. **Alles Entscheider aus den unterschiedlichsten Branchen und Hierarchieebenen – aber alle offenbar Kunden des gleichen Herrenausstatters.** Und dann sagte Peters etwas, das sein Publikum unruhig werden ließ. Die Zuhörer waren schwer irritiert, wie vor den Kopf gestoßen. Peters schien mindestens die Schwerkraft aufgehoben zu haben. Mindestens. Er sagte: «Stellen Sie niemanden ein, der keine Brüche im Lebenslauf hat.»

Die Reaktion der Führungskräfte bei der Veranstaltung in London führte mir vor Augen, wie sehr die gelebte Realität in den meisten Unternehmen von dem abweicht, was Tom Peters und einem neuen Wirtschaften vorschwebt.

Die alten Denkweisen, die alten Kriterien, was ein guter Mitarbeiter ist, sind immer noch höchst aktiv. Von wegen Knock-out... Wer sind die Besten? Wir, die Konformen, die Konsens-in-Stein-Meißler und brav-Erwartungs-Erfüller, sind die Besten!

ACH IHR KONSENS-IN-STEIN-MEISSLER, IHR BRAV-ERWARTUNGS-ERFÜLLER ...

Für Unternehmen scheinen Mitarbeiter, die im Rudel heulen, immer noch die attraktivste Variante zu sein. Aus der Reihe tanzen gilt nicht. Wenn also jemand in seiner Andersartigkeit wirklich deutlich wird, sorgen die Beharrungs- und Konformitätskräfte zuverlässig dafür, dass echte Freigeister schnell wieder aus der Organisation gedrängt werden – oder gar nicht erst kommen.

Ein Denken, das ebenso überholt wie kontraproduktiv ist. Eine solche Systemkonformität war richtig im Zeitalter der industriellen Massenproduktion. Dort war ein Abweichen von der Norm ein Fehler. W-A-R!

Heute geht es um Variantenreichtum und Unterschiedlichkeit. Vielmehr sollte es um Variantenreichtum und Unterschiedlichkeit gehen.

Aber warum fällt es so schwer, das alte Denken endgültig auf die Bretter zu schicken?

VOLL STOFF IN DIE MITTELMÄSSIGKEIT

Das liegt an unserer kulturellen Prägung, die da lautet: Wer zusammenarbeiten will, sollte nicht streiten. Dissens ist eine Störung der Harmonie. Harmonie ist aber gut. Ruhe ist erste Bürgerpflicht. Wir sitzen alle im gleichen Boot und rudern im perfekten Gleichklang. Took. Took. Took. Took. Took. Took.

Was früher auf Galeeren für Rammgeschwindigkeit sorgte und was im Rudersport Tempo bringt und sinnvoll ist, das führt in der Welt der Wirtschaft viele Teams so richtig schön voll Stoff in die Mittelmäßigkeit. «Wo alle gleich denken, denkt keiner sehr viel!», so Walter Lippmann.

Gruppendenken ist der Feind jeder Originalität. Ein solches auf Konformität zielendes altes Denken bringt Menschen dazu, der vorherrschenden Meinung zu folgen, anstatt die Vielfalt des Denkens zu aktivieren.

Kurzum: Wer unterschiedliche Perspektiven und Meinungen zulässt, bekommt bessere Entscheidungen in komplexen Situationen.

ICH STEH' AUF DIE HÖFLICHKEIT EINES ÜBERLEGTEN DISSENS!

Deswegen Schluss mit Mimimimimi und Lob-Huddel-Dei-li-Dei. Wir müssen lernen, die besseren Ideen im fairen Wettstreit gewinnen zu lassen, denn sonst bleiben wir auf den eigenen blinden Flecken im kreativen Halbdunkel sitzen. Gerne möchte ich euch deshalb Robert F. Kennedys Gedanken ins Stammbuch schreiben: «Es genügt nicht, andere Meinungen zuzulassen. Wir müssen sie fördern.»

Übt euch also in der Kunst des Streitens. In der Höflichkeit eines überlegten Dissens. **Setzt auf Lebensläufe, die nicht stromlinienförmig sind. Setzt auf Rebels.**

Wer Kreativität will, muss Vielstimmigkeit begrüßen. Theoretisch sind alle dafür. Aber praktisch regiert in den Unternehmen der Gleichklang. Die Harmonie einer Gedankenmonokultur. Bloß keine Meinungsverschiedenheiten… bloß kein Streit! **Eine Harmonie, die Rebels die Haare zu Berge stehen lässt.** Denn sie wissen: Wer gut zusammenarbeiten will, wer kreative Lösungen finden will, der muss auch gut streiten können.

07
DAS GORBA-TSCHOW-PROBLEM

Viele Führungskräfte stehen vor dem «Gorbatschow-Problem»: Sie sind Befürworter von Perestroika und Glasnost. Vom Umbau des Bestehenden. Weg von lähmenden Machthierarchien. Hin zu mehr Offenheit. Aber sie werden von genau den Strukturen und Prozessen ausgebremst, die sie zu verändern versuchen.

Ein paar dieser Bremsen sind besonders hartnäckig und sorgen dafür, dass in Sachen Leadership immer noch so viele Hardliner unterwegs sind. Die wollen zwar gar nicht bremsen. **Die wollen anders führen. Aber sie stehen sich selbst im Weg.**

Weil sie zum Beispiel anfällig sind für Management-Moden-und-übertriebenes-das-müssen-Leader-einfach-drauf-haben-Gedöns. Weil sie Kümmerer sind. Oder immer noch an die Bonuskarotte glauben. Oder Widerlinge dulden. Weil sie eben keine Rebels sind!

WIDERLINGFREIE ZONE

«Die Kultur einer Organisation wird durch das übelste Verhalten geprägt, das Führungskräfte zu tolerieren bereit sind», – schreiben Steve Gruenert und Todd Whitaker. Und genauso ist es!

Und weil Joe Biden das kapiert hat, hat er aus seinem Arbeitsumfeld eine widerlingfreie Zone gemacht. So sagte Biden bei einer Zeremonie, in der er neue Mitarbeiter vereidigte: «Ich mache keine Witze, wenn ich das sage: Wenn Sie jemals mit mir arbeiten und ich höre, dass Sie einen anderen Kollegen respektlos behandeln, jemanden runtermachen, ich verspreche Ihnen, dass ich Sie auf der Stelle feuern werde, auf der Stelle. Ohne Wenn und Aber.»

Finde ich vorbildlich. Denn Widerlinge sind wie Krebsgeschwüre. Die Duldung von Widerlingen streut Metastasen und befällt den Organismus der Organisation mit schlechtem Benehmen, negativem Klima und vergiftet die Unternehmenskultur.

WIDERLINGE SIND WIE KREBSGESCHWÜRE.

Wer sein Unternehmen zur widerlingfreien Zone machen will, braucht allerdings eine entscheidende Weichenstellung im Kopf: Performance und Verhalten dürfen nicht voneinander getrennt werden. Gedanken wie «Er ist zwar ein Ekelpaket, aber er ist gut», helfen keinem, nur den Widerlingen.

Widerlinge müssen sich ändern oder sie gehören gefeuert. B-A-S-T-A. **Und für widerliche Führungskräfte gilt ein Doppel-Basta.** «Menschen verlassen Chefs, nicht Jobs.» Ein Satz, der zwar in der Managementliteratur mittlerweile durchgenudelt ist: ABER-WAHR-IST-ER-TROTZDEM!

Und das ist er nicht deswegen, weil es so eine Unmenge an fiesen und toxischen und ihre Macht ausnutzenden Stinkstiefeln von Chefs gäbe. Nein, es ist eher so eine Mischung aus gedanklicher und emotionaler Trägheit und Überforderung, die den Satz wahr macht…

DIE BONUSKAROTTE

Führung im Industriezeitalter war eine übersichtliche Sache: Mitarbeiter = Produktionsfaktor = ausführende Hände = Anweisung, Umsetzung, Kontrolle – Zack und fertig. Und als Goodie: **Die Bonuskarotte als Höchstmaß subtiler Führungsarbeit.**

Heute ist es mit dieser übersichtlichen Gleichung vorbei. Da wird euch was von agiler, charismatischer, empathischer, dienender Führung erzählt. Wertschätzende Kommunikation und emotionale und spirituelle Intelligenz sind selbstredend wichtige Führungskompetenzen, die ihr draufhaben solltet.

Kurzum: Wer als Führungskraft heute motivierte Mitarbeiter haben will, muss nicht nur jede Menge von Psychologie verstehen: sondern idealerweise auch noch firm in Soziologie, Philosophie und Hirnforschung sein. Die eierlegende Wollmilchsau lässt grüßen. **Überforderung, ick hör' dir trapsen …**

Mein Vorschlag für euch: Tief durchatmen, die Flut von Thesen, Modellen und Geheimrezepten der Management-Modeindustrie beiseitelegen und auf das Wesentliche schauen.

EINFACH MACHEN – GAR NICHT EINFACH.

Und was ist das?

Autonomie und Sinn – so sehe ich das jedenfalls. Meine These ist: Wenn ihr als Führungskraft euren Mitarbeitern wirklich etwas Gutes tun wollt, gebt ihnen die Möglichkeit und den Freiraum, sinnvolle und befriedigende Arbeit zu verrichten. Autonomie und Sinn eben. **Und dazu braucht ihr kein psychologisches Handbuch zu studieren oder die neuesten Managementtheorien zu inhalieren, sondern nur euren gesunden Menschenverstand.**

«Man muss hart dafür arbeiten, sein Denken zu bereinigen und es einfach zu machen», so Steve Jobs, der Lebendigste unter den Toten. Und wer seinen gesunden Menschenverstand aktiviert, der bereinigt sein Denken von einer Menge überflüssigem Kram. Was allerdings – siehe das Gorbatschow-Problem – durchaus harte Arbeit sein kann.

Und so heißt «sein Denken bereinigen» auch «auf seine Sprache achten» ...

GESICHTSLOSE-RESSOURCEN-MASSE

Wieder einmal war ich in Dortmund. Ich hielt die Abschluss-Keynote einer Roadshow, die durch verschiedene deutsche Fußballstadien führte und im Heimstadion von Borussia Dortmund endete. Den Älteren unter uns noch als ‹Westfalenstadion› geläufig.

Vor dem Vortrag hatte ich ein paar ruhige Minuten im Stadion. Dabei kamen mir folgende Gedanken zu leichtfertig verwendeten Worten im Geschäftsleben: Würden die Manager von Borussia Dortmund oder Bayer Leverkusen, von FC Bayern, FC Barcelona, von Juventus Turin, dem FC Liverpool oder von sonst einem Verein so von ihren Spielern sprechen? Sie «Personal» nennen, «Belegschaft», «Beschäftigte» oder gar «Human Resources»?

Nein!

Sie sprechen vielmehr wertschätzend von «unseren Spielern», von «Talenten», von «Spielmachern», von «Könnern». Die Spieler könnten schließlich jederzeit auch anderswo einen Vertrag unterschreiben. Im Fußball ist längst klar, dass die Spieler die Mannschaft sind, dass sie alles sind, was ein Verein hat und alles, was einen Verein erfolgreich macht.

Warum ist das im Business nicht längst genauso?

Mir wird immer wieder schlecht, wenn nicht von Menschen die Rede ist, sondern von «Personal» oder noch schlimmer von «Belegschaft»: Wie von einer gesichtslosen Masse, die sich den Bedürfnissen des Unternehmens widerspruchslos anzupassen hat. Von Human Knetgummi.

IHR ARBEITET NICHT MIT HUMAN KNETGUMMI.

Ist meist nicht böse gemeint, so zu reden. Eher gedankenlos. Aber solche Gedankenlosigkeiten prägen eben auch ein Umfeld, ziehen Mauern hoch. Nichts mit Glasnost und Perestroika. Sondern eher Bevormundung und Schaffen von Abhängigkeiten.

DIE KÜMMERER

Ebenso nicht böse gemeint, aber auch von fehlender Wertschätzung zeugend, ist das reflexhafte-in-die-Verantwortungsbresche-Hineinspringen vieler Entscheider. Da wird den Mitarbeitern nichts zugetraut. Ihnen alles vorgekaut. Vorgeschrieben. Vorexerziert. Die Verantwortung wird ihnen abgenommen, weil immer noch dieses alte paternalistische Führungsgespenst in den Köpfen und Herzen der Entscheider rumspukt.

Aber Kümmerer produzieren Verkümmerte. Das gilt in unseren Unternehmen. In unserer Gesellschaft. In unseren Familien. Partnerschaften.

KÜMMERER PRODUZIEREN VERKÜMMERTE.

«If you are dropping off your son's forgotten lunch, books, homework, equipment, etc., please TURN AROUND and exit the building. Your son will learn to problem-solve in your absence» – so steht es am Eingang einer katholischen Jungenschule in Arkansas, USA. So könnte es an vielen, vielen Schulen, Einrichtungen, Unternehmen überall auf der Welt stehen.

Was den Eltern hier gesagt wird, gilt auch für viele Entscheider. Die tragen ihren Mitarbeitern ebenfalls die Butterbrote hinterher…

Das ist nicht fürsorglich, sondern übergriffig. Und für unsere Arbeitswelt auch einfach kontraproduktiv. **Da braucht ihr weder Butterbrot-Schmierer-noch-Butterbrot-schmieren-Lasser.** Ihr braucht niemanden, der nur abarbeitet, was andere von ihm erwarten. Ihr braucht Leute mit einem Rebel Mind.

Nur: Wer nie gelernt hat, selbstständig Probleme zu lösen, wird das auch nicht als eigene Aufgabe ansehen. Der wird das Problemlösen immer an den Vorgesetzten, den Staat, die Eltern, den Partner, die Partnerin oder andere Instanzen delegieren.

So jemand wird unterhalb seiner Möglichkeiten agieren. Übergriffige Fürsorge infantilisiert Menschen.

So schafft ihr Abhängige, die nie erwachsen werden. Eure Mitarbeiter werden auf die Stufe der Unmündigkeit degradiert. Sie sollten aber Partner auf Augenhöhe sein, deren Autonomie und Problemlösungskompetenz respektiert und gefördert werden.

Und falls ihr euch genau dabei ertappt, euren Leuten das eine oder andere Butterbrot zu schmieren ... Falls es euch überfordert, wenn die nächste Führungs-Theorie-Management-Methoden-Sau durch euer Dorf getrieben wird ... Herzlich willkommen in der Welt von Herrn Gorbatschow. Aber vergesst nicht: Am Ende hat er es geschafft, die Bremser auszubremsen. «Privet glasnosti i perestroyke!»

Viele Entscheider stehen sich bei guten Entscheidungen selbst im Weg: weil sie nicht über ihren Schatten springen können – und immer noch ihre Die-brauchen-jemanden-der-ihnen-sagt-wo-es-lang-geht-Kassengestellbrille aufhaben: Sie trauen ihren Mitarbeitern nichts zu. **Sie trauen sich nicht, sie einfach mal machen zu lassen.** Also kümmern sie sich ... Aber Kümmerer produzieren Verkümmerte.

08 **EINFACH
MAL
DIE
KLAPPE
HALTEN**

Susan Cain, amerikanische Juristin und Verhandlungstrainerin, Gründerin von «Quiet Revolution», hat einen Bestseller geschrieben: «Still: Die Bedeutung von Introvertierten in einer lauten Welt».

In «Still» macht sie sich für die Leisen stark, deren Talente und deren Relevanz für gutes Zusammenleben und Zusammenarbeiten sie für unterschätzt hält. Allzu oft werden Durchsetzungsvermögen oder Eloquenz mit guten Ideen gleichgesetzt – ein Trugschluss, so ihr gedanklicher Ansatz: « ... vergessen Sie nicht, dass Schein nicht Sein ist.» – **Ein leerer Topf klappert am lautesten.**

Ein Ansatz, mit dem sie offenbar weltweit offene Türen eingerannt hat. Immerhin wurde ihr Buch in mehr als 40 Sprachen übersetzt. Aber ist die Welt deshalb «leiser» geworden?

Wie sieht das bei euch aus? Welche Haltung gibt bei euch den Ton an? Klappern gehört zum Handwerk – oder auch mal die Klappe halten?

SONNTAGS AUCH MAL ZWEI

Enten legen ihre Eier in Stille – Hühner begackern freudig jedes Ei (und sonntags auch mal zwei). Was ist die Folge? Alle Welt isst Hühnereier! **Ergo: Nur wer laut genug ist, hat Erfolg ...** Ein Spruch, den ich nicht mehr hören kann! Hilft aber nichts. Nicht nur in der Wirtschaft ist das immer noch die gängige Denkweise. Klappern gehört halt zum Handwerkszeug der Erfolgreichen!

Denn seien wir doch mal realistisch: Wer wird befördert? Wer setzt sich in den Meetings durch? Nicht die Leisen, Stillen, Zurückhaltenden – sondern die, die sich in Szene setzen, die «Hier! ICH! ICH!» schreien. Die sich und ihre Ideen mit einer satten Portion Eigenvermarktung promoten. So wie früher in der Schule die Schnipser, die sich strecken, die aufzeigen und «Frau Lehrerin! Frau Lehrerin!» rufen.

WIE HALTET IHR ES MIT DEM LEADERSHIP-TROMMEL-SOLO?

Fakt ist: Die in sich gekehrten Typen werden bei klassischen Auswahlprozessen oft übersehen, weil dabei in der Regel die Lautesten und Ehrgeizigsten nach vorn drängen. Bei uns, ob in Wirtschaft oder Gesellschaft, hat sich die Überzeugung durchgesetzt, dass wir auf die Lauten und Extrovertierten hören. Denen folgen, die laut genug trommeln. Die das echt drauf haben, dieses Leadership-Trommel-Solo-in-eigener-Sache. Die wie Marktschreier die markigsten Versprechen auf Lager haben.

ABER: **Fakt ist auch, dass die Qualität eines Gedankens eben nicht von der Lautstärke abhängt, mit der er geäußert wird.**

Weil wir zu sehr auf die Lauten hören, verschenken wir ein Riesenpotenzial an Kreativität und Geist! Vergessen wir die Scheuen, die Sanften, die Autonomen zu fördern, dann verlieren wir die Künstler, Ingenieure und Denker von morgen.

Ich bin überzeugt: Wir brauchen beide. Wir brauchen die Lauten und die Stillen. Die Extrovertierten und die Introvertierten. Und wir brauchen Rebel Minds, die auf solche Dinge achten. Und es ist eine der wichtigen Aufgaben von Entscheidern, hier die Balance im Blick zu haben, und das heißt beim gegenwärtigen Stand der Dinge: den Stillen Gehör zu verschaffen.

Wie das am besten geht? Zum Beispiel, indem ihr mit gutem Beispiel vorangeht, einfach mal die Klappe haltet und zuhört....

SHUT UP!

Den Mund halten und dem anderen wirklich zuhören. Das ist ziemlich selten.

Echtes Zuhören bedeutet nämlich, nicht nur Wörter zu hören. Nicht nur nicht zu unterbrechen. Nicht nur ein beiläufiges Kopfnicken. Sondern Konzentration auf den anderen. Ohne Unterbrechung. Ohne Ablenkung. Und das ist anstrengend.

Denn wer zuhört, lässt sich auf den anderen ein. Das setzt voraus, dass er bereit ist, sich auch auf die Perspektive des anderen einzulassen. «Never miss a good chance to shut up!», nannte das die amerikanische Entertainer-Legende Will Rogers. Rebels können das.

«NEVER MISS A GOOD CHANCE TO SHUT UP!»

Hört ihr zu, so zollt ihr eurem Gegenüber Respekt. Ihr lasst eine zwischenmenschliche Bindung entstehen, denn jeder Mensch möchte gehört und verstanden werden.

In größerem Rahmen betrachtet ist Zuhören die Basis von Engagement. Zusammenarbeit. Liebe. Gemeinschaft. Aber auch ganz konkret und praktisch die Grundlage von Kundenservice, Verkauf, Kreativität, Innovation und Strategie.

Wenn das so wichtig ist, warum steht es dann in praktisch keinem Unternehmensleitbild? In keinem Arbeitszeugnis und in keiner Stellenausschreibung?

Warum steht es nicht auf der Agenda eures nächsten Meetings?

DIE NACKTE SINNLOSIGKEIT

Es wird in unseren Unternehmen eine Menge getan, um den Mitarbeitern Gutes zu tun und so den Erfolg zu befördern: der gemeinsame Ski-Trip auf Kosten des Arbeitgebers, der tägliche frischgepresste Vitaminsaft, Chill-Out-Zonen, Kicker, Massagen und ein freier Tag am Geburtstag des Mitarbeiters.

Fein. Ich mag Massagen und frisch gepresste Säfte. Aber wenn all diese feinen Dinge nur als Feigenblätter dienen, um die nackte Sinnlosigkeit eines Jobs zu verdecken. Um zu verstecken, wie blank Führungskräfte dastehen, wenn es darum geht, den Mitarbeitern einen Sinn an ihrer Arbeit zu vermitteln. Ja, dann hat das Unternehmen ein Problem. **Wo kein Sinn in der Arbeit zu erkennen ist, helfen auch keine Massagen oder Ski-Trips zum Nulltarif.**

Was aber hilft, ist Z-U-H-Ö-R-E-N ...

Das wichtigste Arbeitsfeld der Führungskraft ist es, den Leuten den Weg freizumachen. Es geht also im Kern darum, die Bedingungen für Menschen zu schaffen, damit diese sich entfalten können. Und zwar auf eine Weise, die die Mitarbeiter als sinnvoll ansehen. Denn das ist der Weg hin zu Erfolg und einer prosperierenden Wirtschaft.

MACHT DEN WEG FREI.

Und der erste Schritt auf diesem Weg ist gar nicht schwer ...

Einfach mal die Klappe halten und zuhören. Eure Leute fragen, was sie sich für sich und ihren Arbeitsplatz wünschen oder was ihr als Chef oder Kollege besser machen könnt. Und dann wieder «shut up and listen!», den Antworten aufmerksam lauschen ...

Stille kann so wirksam sein, so «laut». Rebels wissen das.

> «Never miss a good chance to shut up!», meinte die amerikanische Entertainer-Legende Will Rogers. Und für uns alle gibt es viele gute Chancen, um einfach mal den Mund zu halten – und anderen zuzuhören. **Gute Chancen, weil dies die Momente sind, in denen wir mehr erfahren: über den anderen, uns selbst, die Welt.** Rebels wissen: Zuhören macht den Weg frei in eine bessere Zukunft.

09 # FLUTSCH GLITSCH KLATSCH

Was hört ihr für Musik? Was seht ihr euch für Filme an? Wie kleidet ihr euch? Was für ein Auto fahrt ihr oder welches Bike? In welchen Schuhen seid ihr unterwegs? Habt ihr einen erlesenen Geschmack oder seid ihr eher «Mainstream», von der Stange?

Ich hoffe sehr, dass ihr einen erlesenen Geschmack habt – gerne auch einen erlesenen «schlechten» Geschmack. Denn dann seid ihr genau die, die wir brauchen. In unseren Unternehmen, in der Politik, in unserer Gesellschaft.

Dann seid ihr – eine rare Spezies. Dann seid ihr die, die in der Welt etwas bewegen.

GLATT WIE EIN AAL

Begleitet mich bitte ins schöne Konstanz am Bodensee. Vor dem Hotel, in das ich gerade eingecheckt hatte, stand ein Porsche 911, Baujahr Anfang der Siebziger, in Grand-Prix-Weiß. Daneben parkte ein fast fabrikneuer silbergrauer Škoda Octavia. Was glaubt ihr, welches Auto mehr Aufmerksamkeit von den Passanten und den Hotelgästen bekam?

Nun, der Porsche natürlich. Und ich bin mir heute noch sicher, dass es nicht etwa daran lag, dass der Sportwagen teurer oder auch seltener war als der vergleichsweise günstige und häufig gekaufte Škoda. Nein, es lag daran, dass der Porsche Charakter hatte. Er hatte Ausstrahlung, er hatte eine Geschichte zu bieten, etwas zu erzählen. Der Škoda hingegen erschien den Menschen als ein schnödes

Allerweltsauto, das ihnen nichts sagte. Nichts, was ihr Herz berührte oder ihre Hirnwindungen zum Glühen brachte. Gähn.

Und genau das gilt eben auch für viele Menschen – gerade im Business.

Die reinste Škoda-Parade in unseren Unternehmen. Allerwelts-Manager mit ihrer alltagstauglichen Allerwelts-Höflichkeit in tadellos sitzenden Anzügen mit tadelloser Frisur und tadellosem Lebenslauf: **Mainstream-Manager, deren Ecken und Kanten maximal abgeschliffen sind.** Niemand will anstoßen, schon gar nicht anstößig sein. Glatt wie ein Aal, auf Nummer sicher getrimmt, es allen recht machen, weil eben genau diese flutschige, glitschige, von anderen Allerweltstypen beklatschte Austauschbarkeit den Erfolg verspricht.

FLUTSCHIGE, GLITSCHIGE, BEKLATSCHTE AUSTAUSCHBARKEIT.

Aber was für ein Erfolg kann das schon sein? Denn wo landet der, der sich für nichts entscheidet, weil er es allen recht machen will?

Im Mittelmaß. In der Unentschiedenheit.

ENTSCHIEDENHEIT MACHT SEXY

Ist ein solcher unentschiedener Mainstream-Charakter eine Führungskraft, dann ist das eine Qual für alle Mitarbeiter. Wankelmütige Würde-Könnte-Hätte-Wäre-Chefs sind eine Tortur. – Ja? Oh nein, doch, nein oder hmm, vielleicht! Hü! Ne, doch, hott!

Robert Trunzo, der ehemalige CEO von TruStage, brachte es in einem Interview auf den Punkt: «Ich sage meinen eigenen Führungskräften immer wieder: ‹Führungskräfte haben Meinungen. Führungskräfte müssen entschlossen sein.› Und ich vertrete den Standpunkt – wahrscheinlich im Gegensatz zu anderen CEOs –, dass es für mich in Ordnung ist, wenn Sie eine falsche Entscheidung treffen. Man kann sie korrigieren, man kann sie anpassen. Treffen Sie einfach eine Entscheidung. Denn ich glaube, wenn alles unklar, wolkig und ungewiss ist, dann stagniert eine Organisation. Dann stehen alle herum und warten darauf, dass ein anderer den nächsten Schritt macht.»

Amen dazu!

SCHLUSS MIT RUMSTEHEN IM UNENTSCHIEDEN-WOLKENKUCKUCKSHEIM …

Entschiedenheit bedeutet, sich ganz einer Sache zu verschreiben und kein Hintertürchen offen zu halten. Dann ist Schluss mit Rumstehen und Abwarten in nebulöser, wolkiger Unentschiedenheit. Entschiedenheit bedeutet ein klares JA zu dem, was wir gewählt haben, und ein entschiedenes NEIN zu dem, was uns vom Weg abbringt. Entschiedenheit bedeutet, gerade in herausfordernden Zeiten zu handeln und nicht darauf zu warten, dass ein anderer den ersten Schritt tut. Entschiedenheit lässt Rebels entstehen. **Entschiedenheit macht sexy. Aber auch erfolgreich und stark.**

Und das gilt natürlich nicht nur für Führungskräfte.

Ein entschiedenes JA zu dem, was ihr gewählt habt, und ein entschiedenes NEIN zu dem, was euch vom Weg abbringt, sind die Grundlage für euer gelungenes Leben. Ein Leben, das über das Mittelmaß hinausragt. Und damit ein Leben, das sich zu leben lohnt.

Es klingt hart: Aber etwas Mittelmäßiges zu tun, ist Zeitverschwendung. Ihr verschwendet eure Lebenszeit und Lebensenergie. Ich möchte in meinem Leben über mich hinauswachsen, mich nach den hochhängenden Früchten strecken und nicht was runtergefallen ist, aufklauben.

AUS ŠKODA-DENKEN FOLGT ŠKODA-LEBEN

Eure Überzeugungen bestimmen die Obergrenze des euch Möglichen. **Glaubt ihr, ihr seid nur ein mausgrauer Allerwelts-Škoda, dann werdet ihr auch nur ein mausgraues-aalglattes-Škoda-Leben-führen.**

Bei der Fußball-Weltmeisterschaft 2006 gab es drei Teams, die sich ausdrücklich das Ziel gesetzt hatten, Weltmeister zu werden. Sie kamen auf die ersten drei Plätze. So ist es auch in der Wirtschaft: Unternehmen, die der festen Überzeugung sind, dass sie maximal um Nicht-mehr-als-08/15-Prozent wachsen, werden nicht mehr als diese 08/15-Prozent wachsen – und keinen Prozentpunkt mehr.

Gewinner denken anders. Rebels auch.

Gerade unter den Entscheidern gibt es so viele, die lieber unentschieden bleiben, die sich alle Optionen offen halten: glatte, auf Nummer sicher getrimmte Ich-bleib-mal-besser-unter-dem-Radar-Typen. Schlecht für die Unternehmen. Schlecht für diese Unentschiedenen. **Denn Entschiedenheit macht Rebels. Entschiedenheit macht sexy.** Entschiedenheit führt euch über das Mittelmaß hinaus.

10

FÜRCHTET EUCH NICHT!

«So ganz sicher bin ich mir jetzt nicht mehr, jedenfalls nicht mehr so wie am Anfang ... Ob ich wirklich was sagen soll?»

«Ich glaube, ich habe da eine echt gute Idee. Aber wenn ich drüber nachdenke, dann ist sie vielleicht doch nicht sooooo gut!»

«Was meinst du, Peter? Ich würde schon gerne mal etwas Neues in meiner Firma ausprobieren. Das eine oder andere anders machen. Aber dann denke ich: Hm, ist das jetzt wirklich der richtige Zeitpunkt? Und wenn es nicht klappt? Dann stehe ich blöd da. Vielleicht doch auf Nummer sicher gehen?»

Meine Antwort in allen Fällen war: «Probier' es aus! Und hab' keine Angst, dich zu blamieren oder am Ende dumm dazustehen!»

Und wenn ihr mit euren Ideen hadert, vielleicht das eine oder andere zweifelnd auf die lange Bank schiebt, dann möchte ich euch gerne zu Folgendem anstiften:

«Versucht es! Lasst eure Ideen nicht verdorren. Macht einfach euren Mund auf und steht für das ein, was euch in den Sinn kommt. Fürchtet euch nicht!» **Rebels haben keine Angst vor der eigenen Courage.** Die probieren sich aus. Rebels wissen, dass sie niemand für ihre Ideen verurteilen wird. Und schon gar nicht kommen sie auf die Idee, sich selbst für ihre schlechten Ideen zu verurteilen. Sie haben keine Angst, sich zu blamieren und am Ende dumm dazustehen!

Wie ich darauf komme?

KILLED BY GOOGLE

Nun, weil ihr dann in sehr guter Gesellschaft seid. Weil A-L-L-E erfolgreichen Erfinder, Innovatoren, Gründer, Unternehmer, Künstler, Köche, Musiker, Macher und Wissenschaftler immer wieder schlechte Ideen haben. Und zwar regelmäßig. Und zwar in rauen Mengen.

LIEBER BLAMIEREN ALS STAGNIEREN ...

Schaut euch nur einmal die Website ‹Killed by Google› an. Ein Open Source Projekt, das alle aufgegebenen Dienste, Produkte, Geräte und Apps von Google / Alphabet auflistet («A full list of dead products killed by Google in the Google Cemetery.»). Als ich das letzte Mal dort gestöbert habe, waren es insgesamt 293 (!) Projekte ...

Oder der deutsche Erfinder Artur Fischer, der 2016 verstorben ist. Lache ich über ihn, weil er einen Eierbecher erfunden hat, den die Welt nicht braucht? Nein, ich bewundere ihn, weil er im Laufe seines Lebens über 2.200 Patente und Gebrauchsmuster angemeldet hat. Einige davon sensationell ... Zum Beispiel der S-Dübel oder Fischertechnik ... Ein Mann mit einem unerschrockenen Rebel Mind, der seine Ideen mit Leidenschaft verfolgte.

Was also denkt ihr?

Wenn eines der innovativsten Unternehmen der Welt immer mal wieder Ideen beerdigt, es aber immer und immer wieder neu versucht: Warum solltet ihr es euch nicht zum Vorbild nehmen? Warum solltet ihr euch nicht einen der größten Erfinder Deutschlands zum Vorbild nehmen? Der immer wieder auch Flops auf seiner Liste hatte, aber nie locker ließ und immer weitermachte?

Eben.

Rebels halten ihre Ideen, ihre Gedanken nicht ängstlich hinter dem Berg. Sie blamieren sich lieber, als Stagnation zu riskieren. Sie leben kein verstaubtes Ideen-bleiben-in-der-Schublade-Leben! Sie versuchen es. Oder um es mit einem Satz für die Ewigkeit zu sagen: «Du verfehlst 100 Prozent der Torschüsse, die du nicht machst!» – so der kanadische Eishockeystar Wayne Gretzky, auch «The Great One» genannt.

LEBT KEIN VERSTAUBTES IDEEN-BLEIBEN-IN-DER-SCHUBLADE-LEBEN!

Für mich eine Ermahnung und auch eine Motivation, es immer und immer wieder zu versuchen. Und zwar ohne nach Erlaubnis zu fragen. «Hmmm, okay, so richtig gut stehe ich jetzt nicht zum Tor. Was meinst du, soll ich trotzdem abziehen oder doch den Puck abspielen?»

FRAGT NICHT UM ERLAUBNIS

Wie viele bleiben mit ihrem Lebens-Puck, Management-Puck, Entscheider-Puck unentschlossen? Ziehen ihre Kreise, bis ihnen jemand den Puck abjagt oder sie mit einem Bodycheck von den Beinen holt?

«Ich habe schon oft versucht, im Unternehmen, in meinem Job, in meiner beruflichen Aufgabe etwas zu verändern. Aber ich komme damit nicht weiter.»

Das höre ich immer wieder von Menschen, die sich im Kampf gegen Beharrungskräfte wundreiben, die - seien wir ehrlich - vor allem aus ihnen selbst kommen.

Ich denke, meine, fühle: Wenn ihr es wirklich versucht habt und es trotzdem keine Chance gibt, eine akzeptable Veränderung herbeizuführen, dann gibt es auch keinen Grund, im Status quo zu verharren.

Im Gegenteil: Es gibt so viele interessante Spielfelder, auf denen ihr das, was ihr anzubieten habt, sehr viel besser einbringen könnt. **Es geht also darum, eine Entscheidung zu treffen. Punkt.**

Könnt ihr euch mit dem, was ist, doch noch arrangieren? Wenn nicht, dann solltet ihr besser gehen.

FAULT IHR ODER LEBT IHR?

Niemand hat etwas davon, wenn ihr euch vor einer Entscheidung scheut und in Duldungsstarre verharrt. Euer Unternehmen verliert, weil es sich mit einem unwilligen Mitarbeiter wie mit dem faulen Apfel im Korb verhält. Euer Umfeld und eure Familie verlieren, weil sich eure Unzufriedenheit auf sie überträgt. Ihr verliert euch selbst, weil ihr eure kostbare Lebenszeit vergeudet.

FUNKE
DER VERÄNDERUNG

Okay. Zugegeben. Jeder von uns hat Grenzen und Mauern im Kopf.

Jeder!

Die Bausteine dieser Mauern im Kopf sind Gewohnheiten, Dogmen, Regeln, Riten, Traditionen, Tabus und nie hinterfragte Überzeugungen, deren Wahrheitsanspruch als unumstößlich gilt. Gilt … nicht ist.

Sie sind eben nicht unumstößlich. **Sie sind gemacht, entstanden, sie sind-wie-sie-sind, könnten-aber-auch-anders-sein.** Und dieses Andere, das interessiert mich. Weil dort das Potenzial zu finden ist, mehr aus seinem Leben, mehr aus seinem Erfolg zu machen. Etwas zum Besseren zu verändern.

FÜTTERT NICHT DIE HEILIGEN KÜHE!

Der Funke der Veränderung wird dort entzündet, wo der Status quo hinterfragt wird. Wer das nicht tut, wer sich davor fürchtet, der bringt heilige Kühe in die Welt. Die haben die unangenehme Eigenschaft, irgendwann übermächtig zu werden. So gut im Futter zu stehen, dass sie – selbst wenn sich alles andere verändert – noch in der gewohnten Prozession durch die Straßen geführt werden: Als sei nichts geschehen. Als sei alles so, wie es immer war.

Füttert nicht die heiligen Kühe. Seid bereit für das Andere. Seid bereit für den Wandel. Lasst eurem Experimentierdrang freien Lauf. Seid bereit, als Rebel durchs Leben zu gehen.

Die Menschen, die uns voranbringen, entscheiden sich dafür, den Funken der Veränderung zu entzünden und den Status quo in Frage zu stellen. Sie halten ihre Ideen, ihre Gedanken nicht ängstlich hinter dem Berg. **Rebels blamieren sich lieber als Stagnation zu riskieren.** Also lebt kein verstaubtes Ideen-bleiben-in-der-Schublade-Leben!

¹¹ „KEIN GLÜCK IN DOG-MENIS-TAN

Die Tür ist zu! Er kriegt sie nicht auf! Wo ist er? Warum kommt er nicht raus? Er kann das Schloss nicht knacken! Er scheitert!

Der große Houdini, der weltberühmte amerikanische Entfesselungskünstler scheiterte nur zwei Mal in seinem Leben an einem Trick... so wird's wenigstens erzählt. Das zweite Mal ließ er sich in den bauchmuskelgestählten Bauch boxen, dabei holte er sich einen Darmriss, er überlebte es nicht. Das erste Mal war nicht so schlimm, aber eigentlich viel bedeutsamer.

Unzählige Male hatte sich zu diesem Zeitpunkt der gefeierte Illusionist bereits aus Handschellen und Zwangsjacken befreit. Jedes Schloss hatte er geknackt, jede Fessel gesprengt. Er war durch eine Mauer gegangen. Er hatte auf dem Times Square einen Elefanten verschwinden lassen. Er war in Zwangsjacke an einem Seil von einem Kran hochgezogen und in eine riesige, mit Wasser gefüllten Milchkanne gesperrt worden.

Immer war jeder Trick gelungen. Immer war jedes Schloss aufgesprungen. Immer hatte er sich unter dem Jubel der Menschen befreit. I-M-M-E-R!

Aber immer ist nicht immer.

Eines Tages ließ er sich zigfach gefesselt in eine Gefängniszelle sperren... Die Schlösser schnappen zu. Es rasselt. Etwas rastet ein. Dem staunenden Publikum verkündet er, dass er nur rund 20 Minuten brauchen wird, um alle Schlösser zu öffnen. Er fängt an. Die Uhr tickt. Es klickt und klackt, die ersten Schlösser sind auf. Die Uhr tickt. Und tickt. Aber Houdini kommt nicht heraus. In der Zelle wird es still. Die Zelle ist zu. Die Zeit läuft ab. Das Publikum wird unruhig. Die Menschen sehen sich fragend an.

Was ist los? Die Mitarbeiter von Houdini blicken hilflos auf die Zellentür. Ein Raunen geht durch die Menge. Nichts passiert. Hat er sich in Luft aufgelöst? Soll das der Trick sein? Kein Houdini. Die Tür bleibt zu.

Irgendwann verlässt sein Publikum den Saal. An diesem Tag ist die Show zu Ende.

IMMER IST NICHT IMMER.

Erst nachdem alle Zuschauer gegangen sind, wurde klar, woran der große Houdini an diesem Tag gescheitert war: Das letzte Schloss, nämlich das der Gefängnistür, hatte er nicht knacken können. Es ging einfach nicht. Houdini hatte es bis zur Erschöpfung versucht. Aber das Verrückte war: Das Schloss war gar nicht Teil des Tricks: Es war gar nicht verschlossen! Er hätte die Tür nur aufdrücken müssen.

Aber daran hatte er gar nicht gedacht: Er war hundertprozentig-scheuklappenmäßig-felsenfest-betonschädelartig darauf fixiert gewesen, Schlösser zu knacken, Schlösser zu knacken, Schlösser zu knacken. Nur: Der einzige Ort, an dem diese elende Gefängnistür verschlossen war, war in seinem Kopf.

Der Punkt ist: **Ihr und ich, wir alle haben solche verschlossenen Gefängnistüren in unseren Köpfen**. Eigentlich wärt ihr frei. Wärt ihr Rebels. Aber ihr seid gefangen. In eurem Kopf.

WILLKOMMEN IN EUREM SCHÄDEL!

Wann habt ihr das letzte Mal erlebt, dass in eurem Leben eine Tür aufgegangen ist, von der ihr immer geglaubt habt, sie sei verschlossen? Im Guten wie im Schlechten? Vielleicht ein Moment, in dem euch Möglichkeiten klargeworden sind, die ihr vorher einfach nicht gesehen habt? Oder eine Falltür unter euren Füßen, von der ihr gedacht habt: Alles in Ordnung, das ist sicherer Boden?

Diese Dinge-von-denen-wir-denken-die-sind-so-weil-wir-einfach-nicht-daran-denken-dass-sie-auch-anders-sein-könnten, ich kenne die auch. Und ich hasse die. Sie sind Fesseln und ich wende einiges an Energie auf, um sie knacken. Aber um mich geht's nicht. – Fest steht: Ihr tragt viele Überzeugungen mit euch herum.

Gewissheiten, die ihr nie überprüft habt. Regeln, von denen ihr gelernt habt, dass sie einfach so sind, wie sie sind. Riten. Traditionen. Weisheiten von Tante Bertha und Onkel Bert. In Stein gemeißelte Aussagen von Mama und Papa, vom Mathelehrer, vom Pfarrer, vom Fußballtrainer, vom Schwimmlehrer, von den Kumpels, von den Freundinnen, von den Typen im Fernseher. Glaubenssätze über Gott und die Welt und das Business und die Familie und die Mannschaft und die Gesellschaft und die Männer und die Frauen und die Anderen und die Guten und die Bösen und ihr da unten und die da oben und das Leben und überhaupt und sowieso ... D-O-G-M-E-N.

Ihr lebt in Dogmenistan. Euer Schädel ist voll mit lauter unreflektierten Überzeugungen. Ihr seid unterwegs in Furchen im Boden, die andere euch vorgezeichnet haben und die ihr für Gleise haltet, aus denen euer Zug nicht springen darf. Ihr wisst, was ihr zu wissen glaubt. Oder wisst ihr, was ihr wissen sollt? Was wisst ihr eigentlich?

HEY, DIE GITTERSTÄBE EURES WELTBILDES SIND KEINE HALTESTANGEN!

«Man sieht nur, was man weiß», sagte der weise Goethe. Und dieses «Wissen» ist mächtig. Gerade weil es so oft unreflektiert bleibt und ihr diese Zellentür eures Denkens als endgültig verschlossen erklärt habt. Ihr schaut durch das vergitterte Fensterchen zwischen den Gitterstäben hindurch auf diesen kleinen Ausschnitt, der zu sehen ist – und denkt, das sei die Wirklichkeit...

Und je besser ihr Bescheid wisst, wie der Hase läuft, die Kunden ticken, die Arbeit funktioniert, desto schwieriger wird es für euch, eure Überzeugungen zu hinterfragen. Aber hey, die Gitterstäbe eures Weltbildes sind keine Haltestangen!

Die Spur, auf der ihr unterwegs seid, gräbt sich immer tiefer in den Boden. Weil ihr auf eurem Gleis hin- und herfahrt. Stunden, Tage, Monate, Jahre...

Für eurer Business heißt das kurz übersetzt: Hütet euch vor Best Practices! Misstraut den Best Practices! Baut keine neuen Best Practices! Denn genau diese verfluchten Best Practices sind die Furchen im Boden, die ihr euch mit all euren goldenen Wissensnuggets im Kopf selbst gezogen habt, die ihr für Gleise haltet, die aber auch

G-A-N-Z-W-O-A-N-D-E-R-S verlaufen könnten! Und die nichts anderes sind, als euer vorgezeichneter Weg zur Beliebigkeit.

NÄCHSTER HALT: STILLSTAND

Klar, eure Dogmen geben euch Halt. Sie wiegen euch in Sicherheit. Und selbstverständlich sind Sicherheit und Halt auf diesem schwankenden Schiff, das unsere krisengeschüttelte, umtoste Welt zu sein scheint, für viele Passagiere unbedingt erstrebenswert. Das Klammern an Dogmen gehört auch zum guten Ton. Jeder macht das. Aber seid ihr «jeder» oder was? **Je fester ihr euch an den Mast klammert, umso weniger Einfluss könnt ihr auf euren Kurs nehmen.**

Die Anpassungsfähigen in unserer Gesellschaft geben das Role Model ab. Die Eck-mal-lieber-nicht-an-und-bleib-unter-dem-Radar-Haltung führt gefahrlos durch den Kindergarten, die Schule, die Uni, den Ausbildungsbetrieb, das Unternehmen. Und auch durch das Stahlbad der Öffentlichkeit. Duck dich! Ohren anlegen! Klappe halten! Aufklärung hin, Aufklärung her – Selberdenken, Selbermachen, Selberausprobieren ist gefährlich… Dogmen haben euch im Griff!

SEID IHR «JEDER» ODER WAS?

Sich an Dogmen zu halten, ist einfach. Und sicher. Und bequem. Ein Leben geht auf diese Weise ruckzuck rum. Und dann tretet ihr ab – und habt keine einzige neue Rille im Boden hinterlassen. Auf dem Grabstein steht: Er lebte geräuschlos, störte niemanden und als er ging, war er rasch vergessen. Und tschüß!

Nicht mit mir! Dogmen fordern mich heraus. Anpassung ist manchmal notwendig, aber deswegen noch lange keine Tugend, sondern allzu oft Verschwendung, Stillstand, Feigheit. Keine gute Basis, um etwas zum Guten zu verändern. Denn dazu braucht's Menschen, die Dogmen in Frage stellen.

Neues entsteht dort, wo Menschen auch mal eine blutige Nase riskieren. Wo einer mal vorausgeht. Wo jemand neugieriger ist als die anderen. Wo Leute die Grenzen nicht akzeptieren. Wo manche anecken. Wo eigensinnige Typen altgediente Standards in Frage stellen und Dogmenistan verlassen. Wo leidenschaftliche, grundehrliche, anders gestrickte, unbequeme Menschen mit Rebel Mind an der verschlossenen Zellentüre rütteln – und siehe da: Sie geht auf! Sie ist ja gar nicht verschlossen!

Dogmen sind Gefängnistüren in unseren Köpfen, die uns in Dogmenistan gefangen halten. Best Practices sind Furchen im Boden, die uns in die Beliebigkeit führen. Anpassung ist bequem, aber feige. **Denkt selbst, seid neugierig, rüttelt an den Türen!** Seid Rebellen, verlasst Dogmenistan und hinterlasst Spuren!

TEIL ZWEI

EIN GEIST, DER NICHT

12

REBELLEN & ENGE HOSEN

«Pssst!» – Ich saß im ICE der Deutschen Bahn auf der Rückfahrt von einem Vortrag in Berlin. Ein anderer Fahrgast ermahnte mich, ich solle doch ruhig sein. Dabei hatte ich nur über eine Passage aus dem Buch «Leading Out Loud: A Guide for Engaging Others in Creating the Future» von Terry Pearce geschmunzelt. Anscheinend nicht-Großraumwagen-kompatibel genug. Schmunzel-freie-Zone.

Nun gut, vielleicht habe ich meinen Mitreisenden auch mit einem «Olé Torero!» irritiert, das mir rausgerutscht ist. Irritations-freie-Zone.

Kennt ihr so jemanden, der sich schon unwohl fühlt, wenn sich jemand in seiner Nähe nur ein klitzekleines bisschen anders verhält als erwartet? Ein klitzeklein wenig vom zu erwartenden Verhalten abweicht? In seiner Nähe ist gewissermaßen immer Peter-Kreuz-freie-Zone. **Bloß nicht aus den Routinen gerissen werden. Bloß nicht umdenken.** Bloß kein Rebel sein. Aber was hat mich eigentlich zum Schmunzeln gebracht?

DEN STIER BEI DEN HÖRNERN ...

Terry Pearce hat mich in der kurzen Passage seines Buches in eine Stierkampfarena versetzt. Und zwar hatte ich spontan eine Arena in Südfrankreich vor Augen, in Arles, wo ich Zeuge eines spannenden Kampfes Stier gegen Mensch wurde. Eines spannenden, unblutigen Kampfes: Denn bei dieser Form des Stierkampfes, der in Südfrankreich an vielen Orten zelebriert wird, geht es um Schnelligkeit und Geschicklichkeit. Darum, dem Stier ein Band zwischen den Hörnern zu entreißen – und nicht darum, ihn zu töten.

Terry Pearce schreibt: «Es gibt viele Menschen, die glauben, dass sie Matadore werden wollen …» – und dann befinden sich diese Menschen in der Arena. Sie stehen im Sand, während die provenzalische Sonne auf sie herunterbrezelt. Ein Raunen geht durch die Menge auf den Zuschauerrängen. Denn der Stier stürmt ins Rund. Ein prächtiges Tier. Zweitausend Pfund schiere Muskeln und Kraft und Geschwindigkeit. Und dieser Koloss rast nun auf den Torero zu. Das war dann der Moment, in dem mir im Zug ein ganz und gar unfranzösisches «Olé Torero!» entfahren ist. Und in diesem Moment, so Terry Pearce, werden viele, die dachten, sie wollten Matadore werden, eines Besseren belehrt: Hey, das mit dem Stier war gar nicht so gemeint. Ich wollte einfach nur enge Hosen tragen und die Menge jubeln hören …

ENG ODER NICHT ENG, DAS IST HIER DIE FRAGE.

Ein Moment von dem ich denke, Rebels erleben das ganz anders,

… weil echte Rebellen nicht wegen der engen Hosen oder der jubelnden Massen in die Arena steigen.

… weil echte Rebellen keine Furcht haben, in der Arena zu bleiben.

… weil echte Rebellen nicht nur Rebels spielen, sondern Mut haben.

Sie packen den Stier bei den Hörnern. Sie sind nicht wankelmütig, weil sie merken, dass sie eigentlich doch etwas ganz anderes wollten.

Sie wissen, was sie in der Arena erwartet, weil sie sich nicht von Gewohnheiten und Eitelkeiten blenden lassen. Und wenn sie umdenken, dann nicht wegen des Stiers, sondern weil dieser Kampf nicht ihr Kampf ist. Sie wissen, was sie wirklich wollen. **Sie stellen sich die richtigen Fragen. Sie sind sich selbst klar.** Sie denken klar. Leben klar.

Nicht der Applaus der Anderen zählt. Oder die Illusion von fremdem Erfolg. Das Streben nach Zielen, die nicht eure eigenen sind. Der schale Triumph, wenn ihr ein solches fremdes Ziel erreicht habt. **Menschen mit einem Rebel Mind kennen ihre eigenen Ziele.** Sie sind sich selbst klar. Sie denken klar. Leben klar.

NIE
WIEDER
13 JETZT
KOMMT
NIE
WIEDER
KOMMT
NIE
WIEDER
KOMMT
NIE

Wenn ihr wüsstet, dass heute euer letzter Tag auf Erden ist, wenn ihr von einem Augenblick zum anderen wüsstet: Das war's. J-E-T-Z-T kommt nicht wieder. Tomorrow never comes ... Was denkt ihr? Fällt euch dann etwas ein, was ihr bereuen würdet?

Genau zu dieser Frage hat Bronnie Ware, die jahrelang als Palliativ-pflegerin Sterbende in den letzten Monaten ihres Lebens begleitet hat, ein sehr lesenswertes Buch geschrieben: «5 Dinge, die Sterben-de am meisten bereuen.»

Ganz oben auf der Liste des Bedauerns steht ein Gedanke, von dem ich glaube, dass derjenige, der sein Leben als Rebel gelebt hat, ihn nicht denkt, ihn nicht bedauert: «Ich wünschte, ich hätte den Mut gehabt, ein selbstbestimmtes Leben zu führen, nicht das Leben, das andere von mir erwartet haben.»

UNERWARTET LEBEN

Damit ihr nicht eines hoffentlich fernen Tages mit Erschrecken feststellt, dass ihr gar nicht euer Leben geführt habt, sondern das Leben anderer: Dass ihr nur das umgesetzt habt, was andere von euch erwarten – da braucht ihr zunächst einmal die Klarheit, was das überhaupt ist: euer Leben. **Ihr müsst erst einmal diese ganze Erwartungs-Tünche loswerden**, diese ganzen Ihr-sollt-doch-eigentlich-so-und-so-sein-Zukleistereien, um euch selbst zu entdecken.

Wer unerwartet lebt, der hat diese Klarheit: Und er kann NEIN! zu Erwartungen sagen und JA! zu seinen eigenen Wünschen und Ideen.

LEBT UNERWARTET!
HAUT DAS ÜBERFLÜSSIGE WEG!

Wenn ihr den Mut haben wollt, ein selbstbestimmtes Leben zu führen, dann heißt das eben nicht, nur planlos Nein zu sagen. Sondern ganz klar und bewusst das Unwesentliche aus eurem Leben zu streichen. Michelangelo hat einmal auf die Frage, wie er denn den David aus diesem ursprünglichen, unförmigen Marmorblock geschaffen habe, geantwortet: «Indem ich das Überflüssige weggehauen habe!»

Dieses Überflüssige, das nicht wesentlich zu euch gehört, müsst ihr auch weghauen. Und das kann weh tun. Denn dies können ja auch spannende Möglichkeiten sein, Lebensentscheidungen, die reizvoll sind – die euch aber eben von eurem echten Leben abhalten. Rebels wissen das und lassen sich dadurch nicht abschrecken: **Entscheiden heißt verzichten.**

Die Kunst besteht vor allem darin, sich das bewusste Nein anzueignen, es zu schätzen, es zu entwickeln und zu fördern, statt es als Notnagel zu betrachten. Ohne Nein zu diesem und jenen Stück Marmor ist kein David zu haben…

MUT
ZUM SEELENFRIEDEN

Ein Guru bin ich nicht. Dazu schätze ich Eigensinn und Widerspruch viel zu sehr. Aber ein bisschen Seelenfrieden möchte ich euch doch versprechen. Denn den könnt ihr erleben, wenn ihr eigensinnig und im Widerspruch zu vielen vermeintlichen Must-Haves lebt.

Dafür braucht es Mut, sich – wenn das denn euer Herzenswunsch ist
– in unserer komplexen, optionengesättigten Welt in Opposition zu
begeben. Zum Beispiel eben nicht alles zu wollen, überall dabei
sein zu müssen, allem und jedem gerecht zu werden. Eurer Partnerin. Eurem Partner. Mama. Papa. Onkel. Tanten. Nachbarn. Chefs.
Lehrerinnen und Lehrern. Dem Käseverkäufer und der Metzgerin.
Den Kolleginnen und Kollegen. Gott und der Welt eben.

**Diesem Gott und der Welt müsst ihr bereit sein, entgegenzutreten
– wenn ihr feststellt: «Hey, ich will doch eigentlich etwas anders
für mein Leben.»**

Wenn ihr am Ende nicht bedauern wollt, dass ihr nicht den Mut hat-
tet, euer Leben zu leben … Dann los. Ran an diesen noch unförmigen
Brocken, der euer Leben sein könnte. Ran an eure Ideen. Und zwar
ohne Wenn und Aber. Ohne Entschiedenheit hätte Michelangelo keinen David vor dem Palazzo Vecchio in Florenz aufstellen können.

Ich wünsche euch den Mut, eurem Leben eine andere Richtung zu
geben. Denn einfacher ist es, am bekannten Weg festzuhalten. Geht
ihr in eine andere Richtung, als euch zugewiesen wurde, als alle von
euch gewöhnt sind, dann werdet ihr schnell Gegenwind spüren. **Eigensinn hat seinen Preis … Und diesen Preis müsst ihr selbst zah-
len – das kann euch keiner abnehmen.** Euer Leben kann euch keiner abnehmen. Lasst euch also nicht aushalten.

Viele Menschen schrecken vor diesem Gedanken zurück. Sie wollen
die Verantwortung nicht. Sie wollen sich nicht entscheiden. Sie wollen die Konsequenzen nicht tragen. Und so meißeln und hauen
eben andere an ihrem Leben herum. Life as usual. Business as usual.

LASST EUCH NICHT AUSHALTEN.

Rebels leben nicht gewöhnlich. Sie leben auf eigene Rechnung und eigenes Risiko. Sie leben unerwartet – und das sind dann genau die Leute, die uns alle weiterbringen. Ungewöhnliche Menschen. Ungewöhnlich mutige Menschen.

Menschen, die sich die unbequemen Fragen stellen, vor denen die meisten zurückschrecken. Menschen, die sich und Gott und die Welt täglich herausfordern, weil sie sich ständig neu erfinden. Menschen, die den Mut haben, in die Gewohnheitssuppe, die uns aufgetischt wird, reinzuspucken.

Mut führt zu einem anderen Leben als dem, das man bisher auf Autopilot gelebt hat.

Zu einem besseren Leben, weil es mehr euren eigenen Ideen und Wünschen und Träumen entspricht.
Zu einem Leben, für das ihr euch selbst entschieden habt.
Zu einem rebellischen Leben.

> Wer die Welt voranbringt, hat den Mut, sich die unbequemen Fragen zu stellen, vor denen die meisten zurückschrecken. Und eine der unbequemsten Fragen lautet: «Wenn ich eines Tages sterbe und auf mein Leben zurückblicke, werde ich dann etwas bereuen?» **Rebels leben nicht bequem.** Sie leben ein Leben, um eines Tages sagen zu können: Nein, ich bereue nichts.

14 IN DIE GEWOHNHEITSSUPPE SPUCKEN

«Okay Peter, jetzt mal Butter bei die Fische. Wie geht das denn, in die Gewohnheitssuppe zu spucken? So ganz einfach scheint das ja nicht zu sein...»

Stimmt. Es ist nicht leicht, sich von seinen Gewohnheiten und Überzeugungen zu lösen. Wie schwer das in Wirklichkeit ist, zeigt eindrucksvoll ein heute klassisches Experiment, von dem ich erzählen möchte.

Aber so schwer es ist, es ist möglich. Wir können uns von den Dogmen, den angelernten Überzeugungen lösen. Wir können Dogmenistan verlassen. Wir können zu Rebellen werden...

Oder wie Alan Alda es ausgedrückt hat: «Deine Überzeugungen sind die Fenster, durch die du die Welt siehst. Du musst sie von Zeit zu Zeit abwischen, damit das Licht reinkommt.»

Also Putzmittel raus für mehr Durchblick. Ich habe für euch ein paar Hausmittelchen zu Hand, die sich bewährt haben, um selbstbestimmter zu leben...

DER DIAGNOSE-KERKER

Doch bevor ich zu den Hausmittelchen komme, zuerst das Experiment...

Im Zentrum des Geschehens: David Rosenhan, Professor für Psychologie an der Stanford University. Rosenhan betrachtete die gängige Diagnose psychischer Erkrankungen skeptisch. Er war – wir befinden uns zeitlich Ende der Sechzigerjahre – aufgrund seiner Forschungen zu der Auffassung gelangt: Psychische Erkrankungen sind weniger eine Frage objektiver Symptome als vielmehr der subjektiven Wahrnehmung des Beobachters. Nicht Fakten oder Daten entscheiden über die Diagnose, sondern die individuelle Sichtweise desjenigen, der für die Einweisung verantwortlich ist.

Ob er mit dieser Auffassung richtig lag, das wollte Rosenhan experimentell überprüfen. So kam es zu dem berühmten Rosenhan-Experiment, das er dann 1973 unter dem Titel «On Being Sane in Insane Places» veröffentlichte. **Für mich ein eindringliches Plädoyer dafür, Erfahrungen äußerst kritisch zu betrachten. Sehr wachsam zu sein, wenn wir Menschen, Dinge oder Situationen in Schubladen stecken.** Denn das Ergebnis des Experiments hat gezeigt, wie leicht eine Diagnose zu einem Kerker werden kann, in dem Menschen hinter Mauern eingesperrt sind. Sie selbst werden hinter den Mauern unsichtbar.

Was war passiert?

Rosenhan hatte acht kerngesunde Menschen in verschiedene psychiatrische Einrichtungen eingeschleust, um zu überprüfen, ob sie von den Mitarbeitern dort als kerngesund erkannt würden.

Wurden sie nicht.

Durchschnittlich 19 Tage verbrachten die Pseudopatienten in der Psychiatrie, bevor sie entlassen wurden. Ein Teilnehmer blieb sogar ganze 52 Tage in «Behandlung».

AUS DER NUMMER KOMMT IHR NICHT MEHR RAUS ...

Es wurden also selbst gesunde Menschen als krank behandelt, sobald sie in die Schublade «krank» gesteckt wurden. Was die gesunden Teilnehmer des Experimentes auch taten oder sagten: es wurde immer im Kontext ihrer vermeintlichen Krankheit interpretiert. Besonders bemerkenswert war, dass die falschen Patienten viel eher von anderen Patienten als vom medizinischen Personal erkannt wurden.

Das Rosenhan-Experiment verdeutlicht die Problematik, dass wir Menschen dazu neigen, das zu sehen, was wir sehen wollen und was unsere Überzeugungen und Erfahrungen bestätigt.

Stimmt das Geschehene mit den vorgefassten Meinungen überein, fühlt sich der Homo sapiens bestätigt. Den Rest blendet er aus.

Je mehr wir also glauben, desto weniger hinterfragen wir. Desto weniger wissen wir. Was wir einmal in eine Schublade gesteckt haben, lassen wir da so leicht nicht mehr raus.

KETZERISCHE GRUNDHALTUNG

Ihr seid also aufgrund eurer psychischen Grundausstattung immer geneigt, euch eher an Dogmen und blinde Überzeugungen zu halten als an selbst erarbeitetes, von euch überprüftes Wissen. **Der Homo sapiens ist also viel mehr ein Homo Scheuklappeniensis.**

Je intensiver ihr euch mit einem Gebiet beschäftigt, je erfolgreicher ihr auf dem Gebiet seid, desto schwieriger kann es für euch werden, neue Muster, neue Perspektiven, neue Möglichkeiten zu erkennen. Diejenigen, die die meiste Erfahrung, das meiste Wissen und die meisten Ressourcen haben, sind oft die Letzten, die Chancen für etwas völlig Neues ergreifen. Wann ist euch zum Beispiel im Unternehmen der letzte Fall von akuter Betriebsblindheit untergekommen?

Als Heilmittel gegen eine solche Scheuklappeniensis verordnet Dr. Kreuz euch eine konsequente ketzerische Grundhaltung. Wie drückt sich so eine Grundhaltung aus? Nun zum Beispiel darin, dass ihr konsequent versucht, die Dogmen und blinden Überzeugungen ans Licht zu befördern. Wo sie sich dann wie tagesscheue Erkenntnisvampire in Luft auflösen können.

EUER GEGENMITTEL BEI SCHEUKLAPPENIENSIS ...

In Anlehnung an den «Faktenfinder» von Stefano Mastrogiacomo gebe ich euch nun vier Vorschläge, diese Dogmenvampire am Schlafittchen zu packen und euch eventuelle Scheuklappen von den Augen zu reißen:

1. IDENTIFIZIERT EURE <u>VERMUTUNGEN</u>

also zum Beispiel:

*«Wenn ich mir den anschaue,
der ist doch nicht ganz klar im Kopf!»*
*«Dem Schmidt-Müller-Weber-Meier
geht es nur um seine eigene Karriere.»*
«Die werden sich unser Angebot nie leisten können.»
*«KI / Krypto / Blockchain / Metaverse… –
das ist nun wirklich das nächste große Ding.»*

ATTACKIERT EURE <u>VERMUTUNGEN</u>

mit Fragen wie:

«Wer ist die Quelle?»
«Welche Beweise gibt es dafür? Oder finde ich Gegenbeweise?»
«Kann ich das mit Fakten belegen?»
*«Welchen Vorteil bringt es mir, an dieser
Vermutung festzuhalten?»*

2. IDENTIFIZIERT EURE VERALLGEMEINERUNGEN

Sehr leicht zu erkennen an Schlüsselworten wie «immer», «nie», «alle», «niemand» usw. Zum Beispiel:

«Immer, wenn wir unser Angebot verbessern, zieht der Wettbewerb nach.»

«Jeder weiß doch, dass es verdammt schwer ist, gute Leute zu halten.»

«In Deutschland kann man einfach nicht so mutig oder innovativ oder risikobereit… wie in den USA sein.»

«Niemand, der solche Tattoos hat, kann eine vernünftige Führungskraft sein.»

«Ich habe schon als Kind immer weniger Erbsen auf dem Teller gehabt als meine Geschwister. Und ihre Erbsen waren auch immer viel grüner!»

ATTACKIERT EURE VERALLGEMEINERUNGEN

Ziemlich einfach, indem ihr genau diese Schlüsselworte hinterfragt. Also zum Beispiel:

»Wirklich immer?»
»Tatsächlich jeder?»
«Ausnahmslos alle?»
«Nie? Never ever?»

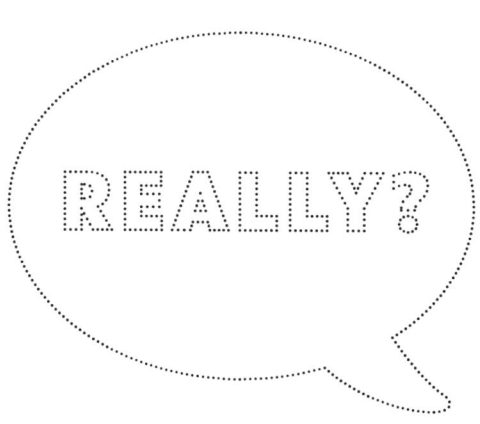

3. IDENTIFIZIERT EURE BESCHRÄNKUNGEN

Also Aussagen, denen Zwänge, Limitierungen, imaginäre Einschränkungen und Verpflichtungen zugrunde liegen und eure Möglichkeiten einschränken. Zum Beispiel:

«Ich habe einfach nicht die Zeit, jeden eingelieferten Patienten genau zu untersuchen. Keiner von uns hat diese Zeit!»
«Wir können das Projekt jetzt nicht starten, das Budget reicht einfach nicht.»
«Ich will ja nichts sagen … Aber genau das hat vor sieben Jahren schon mal jemand versucht. Ging voll in die Hose.»
«Mit einer Handvoll Leute könnt ihr so ein Event nicht stemmen.»

ATTACKIERT EURE BESCHRÄNKUNGEN

Das Schlüsselwort ist hier «trotz». Es geht darum, wie ihr Dinge trotz – oft imaginärer – Einschränkungen voranbringen könnt. Zum Beispiel:

«Wie können wir trotz der knappen Zeit wesentliche Untersuchungen bei eingelieferten Patienten durchführen?»
«Wie können wir trotz des geringen Budgets das Projekt jetzt starten?»
«Was genau können wir aus dem, was vor sieben Jahren schiefging, lernen und es trotz des damaligen Misserfolges aufs Neue versuchen und besser machen?»
«Wie können wir die Veranstaltung mit so wenigen Leuten trotzdem organisieren und durchführen? Was können wir weglassen und wo könnten wir Unterstützung bekommen?»

4. IDENTIFIZIERT EURE URTEILE

Das sind alle eure subjektiven Bewertungen einer Sache, einer Situation oder einer Person. Zum Beispiel:

«Niemand wird in der Lage sein, einen Staubsauger ohne Beutel herzustellen.»
«Die Branche, in der ich arbeite, ist nun einmal konservativ.»
«Die besten Führungskräfte, die ich kennengelernt habe, kommen aus der Heimat und haben Stallgeruch.»
«Meine Meinung: Wer im Home-Office oder in Teilzeit arbeitet, der ist nicht wirklich engagiert. Da ist der Fokus halt woanders.»

ATTACKIERT EURE URTEILE

Da meist wichtige Informationen fehlen, um beurteilen zu können, ob solche Aussagen stimmen oder nicht, solltet ihr euch auf die Suche nach Fakten machen. Also zum Beispiel:

«Woher weiß ich eigentlich, dass ...?»
«Welche Fakten untermauern, dass ...?»
«Kann ich mir sicher sein, dass ...?»

Geht ihr zum Beispiel auf diese Art und Weise gegen eure Scheuklappen an, so bringt ihr schon mal ordentlich Licht in eure Buden, weil ihr die Überzeugungsfenster putzt.

Ich finde, es lohnt sich, öfter mal ein Ketzer, ein unbequemer ist-das-wirklich-so-Dogmen-Rebel zu sein. Scheinbar unumstößliche Dogmen und Überzeugungen öfter mal zu hinterfragen. Die Scheuklappeniensis loszuwerden. Euch nicht von den Standards, die andere für euch aufgestellt haben, eure Sicht auf die Welt vorschreiben zu lassen. Fallt nicht vor einer humpelnden Herde altersschwacher heiliger Kühe auf die Knie.

Mit so einer ketzerischen Grundhaltung, die nachfragt, die nach Klarheit sucht, die prinzipiell zum Umdenken bereit ist, löffelt ihr nicht willfährig die Gewohnheitssuppe aus. Das ist Ketzerei für die Seele – das tut einfach gut.

Unvoreingenommen durchs Leben gehen – unseren ganz eigenen Blick auf die Welt haben: schwerer, als es oft den Anschein hat. Denn meist sehen wir nur, was wir sehen wollen und was unsere Überzeugungen und bisherigen Erfahrungen bestätigt. **Wir haben akute Scheuklappeniensis.** Als Gegenmittel empfehle ich euch eine rebellische Grundhaltung: Sonst löffelt ihr willfährig die Gewohnheitssuppe aus, die euch andere eingebrockt haben.

15 STAN-DARDS SIND TÖDLICH

Unter der Oberfläche vieler Unternehmen regiert nahezu uneinge-
schränkt das Tagesgeschäft. Aus dieser Perspektive ist die Zukunft
der Ort, an dem ihr noch mehr produziert, noch mehr verkauft und
noch mehr verdient. Die Zukunft als Fortschreibung der Gegenwart
– so zumindest die Hoffnung.

Und die stirbt bekanntlich zuletzt. Wobei in diesem Spruch direkt
aus dem Poesiealbum-aller-mit-dem-Rücken-zur-Wand-Stehen-
der ja anscheinend etwas Tröstliches liegen soll. So eine Art «Wir
hocken im gleichen Boot»-Gefühl. Habe ich aber noch nie kapiert,
was mir das helfen soll, wenn dieses Boot den Bach runtergeht.

Viele Hoffnungen sind schlicht und ergreifend dem Tode geweiht.
Lasst uns davor doch nicht die Augen verschließen! Und so gilt das
eben auch für die Hoffnung, dass es in Zukunft einfach so weitergeht wie bisher...

Denn was im Alltag dieser Unternehmen fehlt, ist der Blick durch die
Windschutzscheibe nach vorne. Der ständige Rückblick auf die Er-
rungenschaften der Vergangenheit führt nur dazu, dass man mit
seinem Unternehmen gegen die Wand fährt.

DIE ERFOLGSFALLE SCHNAPPT ZU

Traditionelles Management, das mit hierarchischer Arbeitsteilung,
Standardisierung und Kontrolle führt, ist sehr gut geeignet, bestehende Märkte optimal auszuschöpfen.

Das Problem dabei. Also ein Problem dabei: Solche traditionellen, standardisierten Organisationen sind a) nicht entwicklungsfähig. Und b) die Menschen, die in einem solchen Umfeld arbeiten, enden im Hamsterrad. Denn sie sind dazu erzogen worden, sich nahtlos ins System einzufügen. **Deshalb gibt es in so vielen Unternehmen die Spezies der Büroinsassen und Ja-Sager, die es höchstens dann wagen, gegen den Strich zu denken, wenn der Chef es ausdrücklich erlaubt.** Rebellen werdet ihr in einem solchen Unternehmen eher nicht antreffen...

In so einem Umfeld ist das Daily Business der König, dem sich alle unterordnen. Alles, was wichtig ist, um die Zukunft zu gestalten, wird mit dem Hinweis auf das dringliche Tagesgeschäft abgeblockt. Die vermeintliche Überforderung mit der Arbeit, die ganz schnell erledigt werden muss, erspart das Nachdenken über die richtige Strategie und das Hinterfragen von Althergebrachtem. **Die Standards des Tagesgeschäftes sind der Tod des unternehmerischen Erfolgs.** Wenn... ihr ihnen erlaubt, das Unternehmen zu beherrschen.

AUF DIE KNIE!
HIER KOMMT KING DAILY BUSINESS!

Eine der wichtigsten Fragen, die man sich im Geschäftsleben regelmäßig stellen sollte, in einem Unternehmen zu stellen, in dem das Daily Business King ist, grenzt an Majestätsbeleidigung. Diese Frage lautet: **«Wie können wir etwas tun, was so noch nie getan wurde?»**

Die Abwehrreaktionen lassen nicht lange auf sich warten: «Noch nie?! Warum das denn? Wir fahren doch mit dem, was wir tun, sehr gut!»

Dahinter steckt der beruhigende Gedanke, dass ihr doch wisst, wie der Hase läuft ... Ihr seid E-X-P-L-O-I-T-A-T-I-O-N Experten. Das heißt, ihr seid wirklich firm darin, bestehende Erfolgsrezepte auszubeuten. Aber genau darin liegt die Gefahr für euch. In eurem Vertrauen darauf, dass die Erfolgsgaranten von heute auch die Erfolgsgaranten von morgen sind. **Aber bisher ist noch jede Exploitation-Welle verpufft ...** All die schrecklichen Hai-Filme, die nach dem Mega-Erfolg des Weißen Hai von Spielberg schnell und billig abgedreht wurden. Die Unmenge an Sandalenfilmen, die sich an Klassikern wie Cleopatra oder Ben Hur bedienten. Setzt ihr nur auf Exploitation, dann schnappt die Erfolgsfalle zu.

BLICK DURCH DIE WINDSCHUTZSCHEIBE

Ihr braucht mehr, um auch in Zukunft noch erfolgreich im Geschäft zu sein. Ihr braucht auch die E-X-P-L-O-R-A-T-I-O-N-S Experten in euren Reihen. **Ihr braucht die, die ein neues Feld bestellen können – und nicht nur ein schon bestehendes Feld abräumen.**

Ihr braucht eben auch die, die dem König Alltagsgeschäft den Dienst aufkündigen, um eben zu fragen: «Wie können wir etwas tun, was so noch nie getan wurde?»

Nur wie kommt ihr aus der täglichen Routine raus, um zu explorieren-und-entstandardisieren-und-was-Neues-zu-visionieren?

VIVAT IHR EXPLORIERER,
IHR ENTSTANDARDISIERER!

Besonders gefallen hat mir die Idee von Andreas Kramvis, seines Zeichens Vice Chairman beim US-Konzern Honeywell. Er führt 10-mal im Jahr im Unternehmen eine «Woche der Entscheidungen» durch.

Diese Woche wird fix in den Honeywell-Kalender eingetragen. Denn geschieht das nicht, behält das Tagesgeschäft immer die Oberhand. Und dann stellen sich alle die gleichen drei Fragen:

1. Wo liegen die größten Chancen,
   auf die wir uns konzentrieren sollten?

2. Welche Fähigkeiten brauchen wir,
   um von diesen Chancen zu profitieren?

3. Womit vergeuden wir heute Zeit und
   wofür sollten wir diese besser verwenden?

Die Antworten werden gebündelt und dann – das ist der Clou – wird sofort entschieden und investiert. Auf in die Zukunft!

Ich kann mir gut vorstellen, wie viel Drive das auslöst und wie befreiend das ist, Alltag mal Alltag sein zu lassen. So eine Art geregeltes Rebellentum. Eine produktive Paradoxie jedenfalls, die ermöglicht, sich von der Vergangenheit zu lösen und durch die Windschutzscheibe nach vorne zu schauen.

Probiert es doch mal aus – und berichtet mir von euren Erfahrungen.

Ach ja, eines noch: **Ein Rebel Mind setzt nicht auf ein plattes Entweder-Oder, sondern auf ein intelligentes Sowohl-als-auch.**

Exploration erfordert eure Bereitschaft, die Vergangenheit loszulassen. Aber wenn ihr emotional stark mit dem Vergangenen verbunden seid, fällt das schwer. Ihr klammert, bis es zu spät ist. Besser ist es, diese Emotionalität für die Zukunft zu nutzen: Wenn ihr es schafft, Exploration und Exploitation zu vereinen. Eine große Herausforderung, aber wichtig für Unternehmen wie für Individuen. Nur wer beides schafft, hat eine Zukunft.

In vielen Unternehmen ist das Daily Business der König. Und dieser König sagt, wo es lang geht – und was er sagt, nimmt so viel Raum ein, dass für wichtigere Dinge kein Raum, keine Energie, keine Zeit mehr bleibt. Und so bleibt eine der wichtigsten Fragen ungefragt: **«Wie könnt ihr etwas tun, was so noch nie gemacht wurde?»** Diese Frage stellt nur der, der nicht vor König Tagesgeschäft auf die Knie geht.

¹⁶ 'DON'T MEET YOUR MINI-ME!

«Du hast so viele Kritiker. Wie schläfst du da nachts?» – wurde der Schauspieler Jim Carrey gefragt. Seine Antwort: «Ich schlafe nackt. Falls sie mir den Hintern küssen wollen.»

Nun ist Jim Carrey nicht jedermanns Sache und seine Aussage sicher auch nicht. Und doch steckt viel Wahres darin, wenn es um den Umgang mit Kritikern und Gegnern geht.

Klar ist, und das habe ich mit meinen Büchern schon einige Male erfahren: Sobald jemand Farbe bekennt, für eine Sache einsteht, etwas anstößt – und sei es nur, dass er ein kleines Rädchen im großen Getriebe in Bewegung setzt –, hagelt es Kritik.

Dann kriechen sie aus ihren Löchern, die destruktiven Skeptiker, jene Menschen, die sich dazu berufen fühlen, alles schlecht zu reden, alles im Ansatz zu zerreißen, jedes neue Ideenpflänzchen noch im Keim zu ersticken.

Ihr könnt sie ignorieren. Ihr könnt mit ihnen argumentieren. Ihr könnt versuchen, sie umzustimmen oder zu überzeugen. Oder ihr könnt natürlich auch nackt schlafen :-) **Aber eines solltet ihr nicht tun, denn das wäre ein großer Fehler: Ihnen die Macht geben, euch von eurem Weg abzubringen.**

Mein Rat: Nutzt Widersacher, um den Standards zu entkommen, die euch im Status quo festhalten, um euer Potenzial zu entfesseln. Bringt mit Widersachern euer Rebel Mind so richtig in Schwung. Nutzt Widersacher auch, um das volle Potenzial der Menschen in eurem Unternehmen auszuschöpfen.

WIDERSACHER PFLASTERN IHREN WEG

Im Oktober 2023 wurde Katalin Karikó zusammen mit Drew Weissman der Nobelpreis für Physiologie oder Medizin verliehen. Die Krönung für eine herausragende Wissenschaftlerin, die mittlerweile stolz auf viele Ehrungen, Preise und Ehrendoktortitel blicken kann.

Dabei hatte die in Ungarn geborene Biochemikerin lange mit Hindernissen und Widersachern zu kämpfen, die ihr das Leben schwer machten.

Zu Beginn ihrer Forscherkarriere hinter dem Eisernen Vorhang standen ihr nur äußerst begrenzte Mittel zur Verfügung. Sie ging sogar so weit, selbst zum Schlachthof zu fahren, um Kuhhirne für ihre Experimente zu besorgen, wie sie in einem Interview erzählte. Nach ihrem Umzug in die USA kämpfte sie jahrelang vergeblich um finanzielle Unterstützung für ihre Projekte. Niemand glaubte an das Potenzial der mRNA-Technologie.

Als ihr der Canada Gairdner International Award, einer der renommiertesten Wissenschaftspreise in der Medizin, verliehen wurde, nahm sie in ihrer Dankesrede, die ich absolut bemerkenswert finde, Bezug auf diesen Gegenwind durch Widersacher. Sie sagte: «Ich bin auch allen Menschen dankbar, die versucht haben, mir das Leben schwer zu machen, die mich in der Fakultät degradiert und später gefeuert haben. Sie haben mich dazu gebracht, härter zu arbeiten, und ohne sie wäre ich heute nicht hier.»

WENN GEGENWIND EUCH VORWÄRTS BRINGT!

Wenn Katalin Karikó nicht 40 Jahre lang so hartnäckig gewesen wäre, ohne jegliche Anerkennung und mit zahlreichen Widersachern, dann hätte sie heute keinen Nobelpreis – und wir keinen Corona-Impfstoff.

Ich finde, ein souveräner Umgang mit Widersachern, von dem wir uns eine große Scheibe abschneiden können.

PFEILE
INS HIRN

Denn ihr werdet deutlich bessere Entscheidungen treffen, wenn ihr euch gezielt mit Menschen auseinandersetzt, mit denen ihr nicht einer Meinung seid. Schaut mal in eure Unternehmen rein: Die klügsten Teams bestehen aus Individuen, die unterschiedlicher Meinung sind.

Blöderweise liegt das aber nicht in unserer Natur. Wir treffen lieber Mini-Me's, als uns mit Menschen zu umgeben, die anders sind.

Folglich neigt ihr dazu, Diskussionen über strittige Themen nur mit den Menschen zu führen, von denen ihr ahnt, dass sie mit euch übereinstimmen werden. Und tendiert dazu, die auszuschließen, die anders denken als ihr. In Konsequenz werden eure Entscheidungen schlechter und euer Denken stumpft ab.

Klüger ist anders.

Der von mir sehr geschätzte Jonathan Haidt findet dazu klare Worte: «Menschen, die anders denken und bereit sind, ihre Meinung zu äußern, wenn sie nicht mit dir übereinstimmen, machen dich schlauer, fast so, als wären sie eine Erweiterung deines eigenen Gehirns. Menschen, die versuchen, ihre Kritiker zum Schweigen zu bringen oder einzuschüchtern, machen sich selbst dümmer, fast so, als ob sie Pfeile in ihr eigenes Gehirn schießen würden.»

Sich Pfeile ins eigene Gehirn schießen – was für ein cooles Bild und wie bedrohlich: **Lasst das nicht zu! Dass andere euch dümmer machen. Oder dass ihr euch selbst dümmer macht, indem ihr auf das Immergleiche setzt.**

Euer Ziel sollte nicht sein, euren Mini-Me zu treffen, sondern Widersacher, interessante Menschen, die euch weiterbringen.

Euer Ziel sollte im Unternehmen nicht sein, Positionen mit Mini-me's zu besetzen, was ja leider durchaus Usus ist.

Aus diesem Grund kann es eine gute Idee sein, euch ein kleines Challenge-Netzwerk aufzubauen. Bestehend aus Menschen, die euch sagen, was ihr nicht hören wollt, aber hören müsst.

HERAUSFORDERNDE PERSPEKTIVEN ZUM MITTAGESSEN

Als ich noch an der Wirtschaftsuni in Wien unterrichtet habe, hatte ich einen Kollegen, der seine Mittagessen strategisch plante. Anstatt immer wieder mit den gleichen Leuten am Tisch zu sitzen, rief er interessante Leute an und fragte sie, ob sie nicht Lust hätten, mit ihm Mittag zu essen.

Eine seiner ersten Fragen am Tisch war dann immer: «Wer ist eigentlich die interessanteste Person, die du in den letzten Monaten kennengelernt hast – und wie kann ich sie kennenlernen?» Und so füllte er Woche für Woche sein Leben mit neuen, spannenden Kontakten. Kontakten, die seine Weltsicht erweiterten.

Jim Rohn sagte: «You are the average of the five people you spend the most time», und so denke ich: **Wir alle brauchen Menschen, die uns herausfordern und inspirieren**, die uns irritieren und widersprechen, die außerhalb unserer Gewohnheiten stehen und unser Umfeld heterogener machen.

BRINGT MIT WIDERSACHERN EUER REBEL MIND IN SCHWUNG.

Ich weiß, dass das manchmal nicht einfach ist. Aber wenn mich ein Kritiker oder Widersacher auf die Palme bringt, hilft mir ein Zitat von Theodore Roosevelt, wieder runterzukommen: «Nicht der Kritiker zählt, nicht derjenige, der darauf hinweist, wie ein starker Mann strauchelt oder wo ein tätiger Mensch etwas hätte besser machen können. Das Ansehen gebührt dem Menschen, der sich tatsächlich in der Arena befindet [...], der mutig kämpft und dabei irrt ...»

Mein Respekt gehört den Menschen, die in der Arena für eine Sache mit offenem Ausgang kämpfen: den Menschen mit dem Rebel Mind und Rebel Heart. Diejenigen hingegen, die bequem auf der Zuschauertribüne sitzen, selbst nichts riskieren, aber ungefragt Häme verbreiten, können mir den Buckel runterrutschen!

Wer etwas Eigenes zu sagen hat, insbesondere wenn es gängige Meinungen durchkreuzt, kommt um Widersacher nicht herum. Aber was macht ihr nur mit ihnen? Ignorieren oder versuchen, sie umzustimmen oder... – Oder nutzt sie für euch: **Nutzt Widersacher als Ansporn, um noch entschlossener an euch selbst zu arbeiten.** Bringt mit Widersachern euer Rebel Mind so richtig in Schwung.

17

BE IT YOUR-SELF!

Ich mag ja diese meist äußerst sympathischen Mitmenschen sehr: Die, die andere um Erlaubnis bitten, etwas tun zu dürfen. Die, die fragen, ob sie wirklich an diesem Meeting teilnehmen müssen, auch wenn es für sie keinen großen Wert hat. Die, die im Meeting ihre Hand heben, wenn sie etwas fragen möchten, und ihre Frage nicht einfach in den Raum rufen. Die, die mich nach einem Vortrag höflich um Erlaubnis für ein Interview fragen und mir nicht einfach die Fragen um die Ohren hauen.

Aber andererseits macht mich das echt wahnsinnig, wie viele meist sehr sympathische Menschen ihr Schicksal daran knüpfen, dass ein A-N-D-E-R-E-R ihnen die Erlaubnis erteilt. Die Erlaubnis, aufzustehen, den Mund aufzumachen und etwas zu verändern. Die Erlaubnis, sich ein Herz zu fassen. Und loszulegen. Und sich damit auch verletzlich zu machen. Die Erlaubnis, einen Unterschied zu machen - im eigenen Leben, im Leben anderer, im privaten Umfeld, in der Gesellschaft oder im Unternehmen.

Das macht mich wahnsinnig, weil diese Auf-Erlaubnis-Warterei den Menschen die Veränderungsenergie und auch die Zeit raubt, einen Unterschied zu machen.

Und solltet ihr auf eine solche Erlaubnis warten, werdet ihr auf diesem Weg nie den inneren Rebel in euch entdecken und entfesseln.

HOSSA!

Wie wichtig Veränderungen sind und wie sehr wir in Gesellschaft und Wirtschaft die Menschen brauchen, die solche Veränderungen anstoßen können - das ist eigentlich allen klar.

Keine Führungskräftetagung, kein Mitarbeiterseminar, kein Kamin-
gespräch im kleinen Kreis ohne diesen Appell. Klingt ja auch toll:
nach hochgekrempelten Ärmeln und nach Aufbruch zu neuen
Ufern. «Wir sind die Veränderung! Hossa!»

**Erstaunlich nur, wie wenig über den Appell, über diesen erheben-
den Moment des Aufschwungs und der Veränderungsbegeiste-
rung hinaus passiert.**

Denn dann kommt der Alltag – und mit ihm die Ernüchterung: Die
Hitgiganten-der-Veränderungs-Resistenz erleben ihren großen
Auftritt. Welche gern gebrauchten Phrasen kennt ihr, die vor allem
einem Zweck dienen: bis zur Betäubung reden, damit alles so bleibt,
wie es ist?

UND EURE VERÄNDERUNGS-RESISTENZ-SUPER-HITS?

Meine Top-Hits sind:
«Das hat vor sieben Jahren schon mal jemand versucht …»
«Oh je, ganz schlechtes Timing. Krise und so …»
«Das können wir uns momentan nicht leisten …»
«Das wird der Betriebsrat niemals genehmigen …»
Sehr schön finde ich auch:
«Wenn es möglich wäre, hätte es schon jemand anderes gemacht …»

Und Tusch
für meine Nr. 1:

**DAS KOMMT
OBEN NICHT
GUT AN …**

Ja und weil es vielleicht noch keiner vorher gemacht hat oder es sieben Jahre zuvor gemacht hat und gescheitert ist und es vielleicht auch noch teuer ist und es schon mal von denen und denen und von denen auch keine Erlaubnis gab, gibt es auch keine Veränderung. Hossa!

Es sei denn...

DO IT YOURSELF

... jemand kommt an den Punkt, wo es ihm langt. An dem er umdenkt. An dem der innere Rebel dann doch aufmuckt, weil ihn diese ganze Veränderungsresistenz echt wahnsinnig macht. Weil er keinen Bock mehr auf diesen Hitparaden-Konserven-Einheits-Brei hat.

Er sich also entscheidet...

Oder um es mit den Worten des Schriftstellers und Philosophen Ralph Waldo Emerson zu sagen: **«Es gibt immer zwei Parteien – die Partei der Vergangenheit und die Partei der Zukunft, das Establishment und die Bewegung.»**

Und so entscheiden sich Rebels für die Zukunft. Sie entscheiden sich, selbst etwas in Bewegung zu setzen... «Do it yourself!» – Sie warten nicht mehr. Nicht mehr auf ein WIR – auf ein «Wir machen das schon.» Nicht mehr auf ein IHR: «Ihr macht das schon!» Und schon gar nicht auf eine Erlaubnis...

TUT ES – J-E-T-Z-T!

Rebels warten nicht auf grünes Licht oder darauf, dass jemand sagt: «Okay, mach es!»

Da halte ich es ganz mit Seth Godin: «Change isn›t made by asking permission».

Also fragt auch ihr nicht um Erlaubnis. Fragt niemanden um Erlaubnis. Nicht einmal euch selbst. Kommt ins Handeln! Wer darauf wartet, dass die Revolution zu ihm kommt, wird sie nie erleben ...

Eure Zeit ist gekommen! Ihr werdet nicht jünger. Und wenn es etwas gibt, wofür ihr brennt, es zu tun, es zu gestalten, es auf den Weg zu bringen, dann tut es jetzt.

Das Leben ist keine ewige Generalprobe. Der Vorhang ist auf. Euer Auftritt hat begonnen. N-U-T-Z-T eure C-H-A-N-C-E, ihr selbst zu sein. Einen Unterschied zu machen!

Veränderungen sind wichtig. Für unsere Wirtschaft. Für unsere Gesellschaft. Die richtigen Veränderungen zur richtigen Zeit - um genau das Neue voranzubringen, das uns alle weiterbringt. Alle wissen das. Und doch passiert so wenig. **Weil so viele erst auf Erlaubnis warten, das Neue anpacken zu dürfen.** Als Rebels wartet ihr nicht darauf, dass euch jemand sagt: «Okay, mach!» – ihr macht.

[18] IRRSINN ²ZUM QUADRAT

In Workshops erlebe ich häufig ein merkwürdiges Phänomen: Teams entwickeln etwas, das frech, clever und aufregend ist – und kühn am Status quo kratzt.

Doch dann kommt die Präsentation, in der die Idee oder das Konzept vorgestellt wird, und plötzlich ist alles anders.

Aus Angst, dass die eigene Idee als unrealistisch oder verrückt abgetan wird, wird das, was vorher kühn und mutig war, weichgespült. Als würde man mit Wattebällchen schießen. Jedes Argument wird relativiert, jede Ecke abgeschliffen, alles irgendwie eingeschränkt.

Aber warum sollte sich dann noch jemand dafür begeistern? Warum solltet ihr euch mit etwas begnügen, das nicht kühn und aufregend ist? Warum sollte sich eure Arbeit und euer Leben in Wattebällchen-ohne-Ecken-und-Kanten-Weichspülerei erschöpfen?

ZAPPAESK

«Ohne Abweichung von der Norm ist Fortschritt nicht möglich!», so der unvergessene Frank Zappa, der als Musiker diesen Fortschritt außerordentlich gut verstand. Ein kompositorischer Rebel, der sich zudem auch wunderbar in Szene zu setzen wusste. Eine ganz besonders zappaeske Sitzung konnte euch damals in nahezu jeder WG, die etwas auf sich hielt, als Poster begegnen: Zappa mit heruntergelassenen Hosen auf der Toilette.

Ein Poster, das eigentlich auch in Firmenzentralen hängen sollte: Um an Zappas Spruch zu erinnern. Daran zu erinnern, wie wahr dieser Spruch leider heute immer noch in vielen Unternehmen und Teams ist. **Weil zwar Fortschritt auf jeder Agenda steht, Abweichung aber immer noch als neben der Spur gilt. Als eine Position, die gegenüber dem Soll ver-rückt ist.**

Aber das halte ich für verrückt. Es ist Irrsinn zum Quadrat, dass viele Unternehmen Ideenreichtum fordern, tatsächlich aber Anpassung belohnen.

Denn Gruppendenken ist der Feind jeder Originalität. Es bringt Menschen dazu, sich einer vorherrschenden Meinung anzupassen, statt die Vielfalt des Denkens zu aktivieren. Uniformität verhindert Innovation.

Die Zukunft wird nicht durch maximale Anpassung gestaltet, sondern durch Menschen, die notorisch neugierig sind, die alte Gewissheiten in Frage stellen, die auch mal unbequeme Fragen stellen, die bereit sind zu experimentieren.

Organisationen brauchen Abweichler. Sie brauchen Rebels, die Dinge auch mal ganz anders sehen. Harvard-Professorin Francesca Gino nennt solche Menschen konstruktive Nonkonformisten.

SCHAFSBLÖKEN NICHT ALS TEAMGEIST FEIERN.

Was denkt ihr? Warum wohl haben die Entscheider in so vielen Unternehmen, warum haben auch so viele, über die entschieden wird, einen solchen Mores vor dem Rebellentum?

Bedauerlicherweise ist es in vielen Organisationen einfacher, mit dem Strom zu schwimmen als dagegen.

Bedauerlicherweise wird es in vielen Organisationen mehr geschätzt, in Reih und Glied zu tanzen, mit der Schafherde zu blöken, als eine eigene Meinung zu vertreten.

Warum es mit dem Fortschritt nicht klappt? Leider erlebe ich immer wieder, dass es viel einfacher ist, Nonkonformisten im Keim zu ersticken, als sie zu fördern. **Einigkeit aber macht starr.**

Hier braucht es dringend ein Umdenken, einen rebellischen Geist. Damit der so wichtige Fortschritt nicht im Orkus versinkt.

DIE FORTSCHRITTS-VERRÜCKTHEITS-SKALA

Wenn ihr also wirklich Fortschrittsenergie in euren Unternehmen freisetzen wollt, dann hört auf unterschiedliche Meinungen, eine Vielfalt von Perspektiven und Problemlösungsstilen entnervt wegzusozialisieren und einzuuniformieren. Dann fangt an, konstruktive-Nonkonformisten und produktive-Abweichungs-Verrückte zu fördern.

Wie sieht es also bei euch aus? Wie gut seid ihr darin, die Komplizenschaft zwischen kognitiver Diversität und Unternehmensentwicklung zu nutzen?

ICH LIEBE PRODUKTIVE-ABWEICHUNGS-VERRÜCKTE!

Hier drei Punkte zum Nachdenken:

1. Wie uniformiert seid ihr?
Legen die Führungsinstrumente bei euch zu viel Wert
auf Anpassung?

2. Wie attraktiv findet ihr das Blöken der Schafe?
Werden Mitarbeiter für Eigeninitiative oder für
regelkonformes Verhalten belohnt?

**3. Wie sieht es bei euch mit einer Bloß-nicht-umdenken-
Diversitäts-Allergie aus?**
Gilt Einigkeit als Tugend oder heißt es: Wenn zwei
Menschen immer die gleiche Meinung haben, ist einer
von ihnen überflüssig?

Ich bin ein Fan von Verrücktheiten, weil sie es sind, die dafür sorgen, dass sich etwas in der Welt bewegt. Vor allem etwas auf eine
Weise bewegt, die gut für uns ist. Die für Zukunft sorgt, weil wir für
diese Zukunft andere Konzepte, andere Ideen brauchen, als wir sie
in der Vergangenheit finden.

Und je schneller sich die Welt verändert, je dynamischer die Umweltbedingungen sind, mit denen wir umgehen müssen, desto
wichtiger wird die Abweichung. In einer Zukunft, die immer unberechenbarer wird, sichert nur die Problemlösungsvielfalt das Weiterbestehen.

Und weil ich auch ein Fan von erfolgreichem Wirtschaften bin, ist es mir so wichtig, eine Unternehmenskultur zu fördern, in der Rebel Minds die Master Minds sind. In der das gelebt wird, was Hajime Mitarai, Chairman von Canon, mal so formuliert hat: «Wir sollten nur etwas tun, wenn die Leute sagen, dass es verrückt sei. Denn wenn die Leute etwas gut finden, macht es schon ein anderer.»

In meinen Vorträgen mache ich deshalb oft folgenden Vorschlag: Wie wäre es, wenn ihr jedes eurer Konzepte und jedes eurer Projekte auf einer Verrücktheits-Skala von 1 bis 10 bewertet?

Denn warum solltet ihr euch mit etwas zufriedengeben, das nur eine schwache 6 auf eurer Skala ist? Das nur für ein laues Fortschrittslüftchen sorgt und nicht den abgestandenen Standard-Muff wegpustet?

Denn warum sollte euer Wirken und Leben auf Wattebällchen-ohne-Ecken-und-Kanten-Weichspülerei hinauslaufen?

Eben. D-A-S wäre schließlich wirklich verrückt.

In Unternehmen geben diejenigen den Ton an, die linientreu und angepasst sind. Einigkeit aber macht starr. Deswegen brauchen wir euch. Menschen, die Dinge auch mal völlig anders sehen. **Die Unangepassten, die rebellisch-neben-der-Spur-Verrückten.** Weil ihr dann für andere Konzepte und Ideen sorgt, als wir sie schon kennen. Weil ihr dann die seid, die dafür sorgen, dass sich in der Welt etwas bewegt.

19 SIMPLY THE BEST

«Mein lieber Herr Kreuz, das ist aber schon starker Tobak, den Sie da ihren Lesern und Zuhörern auftischen: Nicht mit der Herde laufen, umdenken, anders denken, verrückt denken, Rebel Mind ...» – Nicht nur einmal musste ich beim Schreiben an das eine oder andere Interview denken, das ich in der Vergangenheit geführt habe. Und ich glaube: auch bald wieder führen werde.

Denn dieser Einwand gegen meine Gedanken kommt immer wieder. Wie so ein Jucken, das euch immer wieder heimsucht. An einer Stelle, an die ihr nicht rankommt. Das euch kirre macht. **Ein Einwand, der mich ärgert, weil er mir durch die Blume Verantwortungslosigkeit unterstellt.** So wie hier von einem Journalisten, der mich interviewte:

«Aber Herr Kreuz, jetzt stellen Sie sich doch wirklich mal eine Familienmutter oder einen Familienvater vor. DIE können doch nicht alle Sicherheiten über Bord werfen. DIE können doch nicht einfach mal so auf Sinnsuche gehen, um die beste Version ihrer selbst zu werden.»

W-A-R-U-M können die das nicht? Warum sollten gerade Familienmütter und Familienväter das nicht tun? Als Vorbilder für ihre Kinder versuchen, das Beste aus sich und ihrem Leben zu machen? Zum Beispiel die besten Mütter und Väter ever zu werden? **Was, wenn es unverantwortlich wäre, das nicht zu versuchen?**

DIE-
NUR-AM-LEBEN-
NIPPER

Ich finde es unverantwortlich, zur Mittelmäßigkeit aufzurufen. Dazu zu ermuntern, besser bei seinen Leisten zu bleiben und nicht nach Mehr zu streben. **Denn die Sicherheit, die es euch angeblich bringt, im Strom mitzuschwimmen, die ist trügerisch.** Da geht es euch als Individuen nicht anders als den Unternehmen, deren Strategie das Beharren war: Besser mal stillhalten. Stur an bewährten Konzepten festhalten. Die Veränderungen der Welt und Märkte aussitzen. Lieber mittelmäßig zu bleiben, als mutig auf die neue Welt zuzugehen und etwas Neues zu wagen. Diese Beharrer sind nämlich weg vom Fenster.

WEG VOM FENSTER, AUCH EINE ENTSCHEIDUNG.

Wenn ihr euch also entscheidet, lieber auf den Pfaden weiterzugehen, die ihr kennt. Weiterleben wie bisher. Weiterarbeiten wie bisher. Schön. Gut. Passt. Weitermachen. Wenn ihr euch das wirklich klar gemacht habt. Wenn ihr bei klarem Verstand seid: Ich will den Stier nicht bei den Hörnern packen, ich will enge Hosen...

Jedem Risiko aus dem Weg gehen, den frustrierenden Job (oder die frustrierende Beziehung) akzeptieren, anstatt den Mut zu haben, etwas anderes zu suchen... Lieber dem vorgezeichneten Weg folgen, als seinen eigenen Weg suchen... **All das ist ein freiwilliges Einverständnis, am Ende die Hälfte seines Lebens ungelebt zurückzugeben.** Seinen Cocktail nicht auszutrinken, sondern A-N-G-E-N-I-P-P-T stehen zu lassen.

Aber ich möchte euch gerne einladen, nicht eines Tages in hoffentlich ferner Zukunft dazustehen und festzustellen: Okay, das war also mein Leben – und das soll alles gewesen sein?

Trinkt euren Cocktail aus und lasst ihn nicht angenippt stehen.

DIE KREUZ-UND-QUER-DENKER

Das Schlüsselwort heißt Verantwortung. Oder genauer: Selbstverantwortung, also eure Fähigkeit, mit eurer eigenen F-R-E-I-H-E-I-T verantwortlich umzugehen.

Mit der Verantwortung respektive der Selbstverantwortung ist das allerdings so eine Sache ...

«Verantwortung ist eine abnehmbare Last, die sich leicht Gott, dem Schicksal, dem Glück, dem Zufall oder dem Nächsten aufladen lässt», so Ambrose Bierce. Und wenn ihr Sätze hört wie die folgenden, dann nickt ihr Ambrose sicherlich zustimmend zu: «Nicht mein Job» – «Die anderen sind schuld.» – «Ich kann nichts dafür.» – «Ich hab nur meinen Job gemacht.»

Aber ich glaube, wir Menschen sind es uns schuldig, anderen solche Sätze zu ersparen.

Ich finde, wir haben das Recht und die Pflicht, Verantwortung für unser eigenes Leben zu übernehmen. Ich finde aber auch, jeder von uns kann sich entscheiden, das anders zu sehen. Wie entscheidet ihr euch?

LEERT EUER GLAS BIS ZUR NEIGE!

Schon klar. Es ist anstrengend, und viele Menschen haben richtig Bammel davor, selbst zu denken und selbstverantwortlich zu handeln. Sie wollen nicht damit aufhören, nachzuplappern, was andere ihnen vorsprechen. Nicht selbst entscheiden, ob das, was sie denken, auch das Richtige für sie ist.

Sie empfinden es als bedrohlich, darüber nachzudenken, ob etwas, was so und so geht, auch anders gehen könnte. Vielleicht sogar besser.

Sie wollen sich dem Gedanken nicht aussetzen, dass es sinnvoll sein könnte, die Umstände zu ändern. Dass sie selbst es sogar sein könnten, die loslegen. Dass sie aufhören könnten, darauf zu hoffen, dass andere für sie handeln.

Umdenken. Neben der Spur denken. Kreuz- und querdenken. Puh. Das ist schon nicht ohne. Und wer einmal damit angefangen hat... Wer nicht nur am Glas der Selbstverantwortung nippt... - wo soll das enden?

Wer aber nicht bereit ist, Verantwortung für sich selbst zu übernehmen - für seine Gedanken, seine Entscheidungen, sein Handeln, seine persönliche Entwicklung... Wer sich scheut, die eigene Sicht der Dinge immer mal wieder zu überprüfen, läuft Gefahr, sich selbst ins Abseits zu manövrieren. Und seid ihr Chef, dann ist auch euer Unternehmen in dieser Gefahr.

Und deshalb möchte ich euch anstiften, genau diesen unbequemen, risikoreichen Weg einzuschlagen, den Weg des Rebel Mind.

Denn der Lohn eurer Mühen ist, dass ihr die Welt, wie ihr sie kennt, aus den Angeln hebt. Ihr werdet zur besten Version eurer Selbst. Die besten Mamis und Papis, die ihr sein könnt. Die besten Partner. Besten Kollegen. Besten Chefs. Besten Unternehmer. Die Besten-was-auch-immer-ihr-wollt.

Das Beste ist nur gut genug. Denn nur wenn ihr eure Ziele hoch genug steckt, werdet ihr über das Mittelmaß hinauswachsen.

Jeder Versuch, über euch hinauszuwachsen, macht euch besser, als es nicht zu versuchen.

Was wir aus unserem Leben machen, liegt in unserer Hand. Wir haben es selbst in der Hand: Unser Leben auszukosten und nicht nur ein mittelmäßiges, so La-la-Leben zu führen. Sondern die beste Version von uns selbst zu werden. Oder einfach nur vorsichtig am Leben zu nippen. Ängstlich. Weil wir uns nicht zutrauen, über das Mittelmaß hinauszugehen. **Was wählen wohl Rebels?** Was wählt ihr?

20 DAS ERSTE MAL

«Ach ja. Das waren noch Zeiten ... Wisst ihr noch ...» – Der Blick in die Vergangenheit kann das Nostalgie-Feuer schüren. A-C-H-J-A! Die Vergangenheit kann einen unwiderstehlichen Sog entwickeln, der dann Gegenwart und Zukunft einsaugt. So eine Art Damals-in-den-Ardennen-Syndrom entsteht dann, das die Älteren unter uns noch vom Opa der Klimbim-Familie kennen. Eng verwandt mit Loriots «Früher war mehr Lametta».

Der Blick in die Vergangenheit kann aber unsere Gegenwart bereichern. Und damit meine ich jetzt nicht den Aspekt, dass ihr aus der Vergangenheit lernen könnt. Klar. Könnt ihr. Sollt ihr. Machen wir. Mein Gedanke geht eher in die Richtung: Erinnerungen können Energie für die Zukunft geben.

Premieren sind so ein Epizentrum der Erinnerungsenergie. Das sind fantastische Erinnerungen, die unser Leben enorm bereichert haben. Und bereichern können – wenn wir nur ein wenig umdenken und Premieren durch die Rebel-Mind-Brille betrachten ...

DER ERSTE KUSS

Der 9. Tag im neuen Unternehmen ... Der 13. Kuss mit dem dritten Freund, mit der dritten Freundin ... Die 15. Fahrt mit eurem zweiten eigenen Auto ... An solche Tage werdet ihr euch kaum erinnern. Genauso wenig wie der Sonntag, an dem ihr zum fünften Mal wählen durftet.

Nein, wir erinnern uns an die Premieren. Die erste Fahrt mit dem Fahrrad. Der erste Kuss. Der erste eigene Urlaub ohne die Eltern. Der erste Sex. Das erste selbst verdiente Geld. Das erste Mal die Stones mit «Sympathy for the Devil» live gehört. Welche ersten Male sind es bei euch, die euch immer wieder in Erinnerung kommen?

Wir erinnern uns an diese Premieren, weil beim ersten Mal so viele Emotionen im Spiel waren. **Weil unser Gehirn vor lauter neuen Eindrücken gefunkt hat. Und gefunkt. Und gefunkt.** Denn so funktioniert unser Gehirn: Je emotionaler, desto tiefer der Eindruck, desto länger die Halbwertszeit der Erinnerung. In eurem Schädel habt ihr somit einen Erste-Male-Emotionen-Energiespeicher.

ZAPFT EUREN ERSTE-MALE-EMOTIONEN-ENERGIESPEICHER AN.

Was super ist. Denn den könnt ihr immer wieder anzapfen, um daraus Kraft zu ziehen. Blöd nur, dass sich die Premieren-Energie mit der Zeit erschöpft. Und je öfter ihr glaubt, euch an vergangene Premieren erinnern zu müssen, um heute und morgen besser klar zurechtzukommen, umso schwächer wird der Akku.

Aber wer hat gesagt, dass Premieren nur etwas für unsere Jugend sind?

Und egal, wer euch das gesagt, eingeflüstert, ins Hirn gepflanzt hat - warum sollte es wahr sein?

VERRÜCKT NACH PREMIEREN

Nun, die meisten Menschen glauben das. Und deshalb gilt für sie: Mit zunehmendem Alter nimmt die Zahl der Premieren stetig ab.

Und das nicht etwa, weil die Möglichkeiten beschränkt wären. Weil das ein Naturgesetz ist, dass ihr mit zunehmendem Alter weniger Möglichkeiten habt, Premieren zu erleben…

Nein. Das Gegenteil ist der Fall: **Wenn Menschen älter werden, haben die meisten sogar mehr Möglichkeiten, mehr Geld und mehr Gelegenheiten, etwas Neues auszuprobieren.** Und weil ihr erfahrener seid, ist auch die Chance gestiegen, dass neue erste Male mit großem Genuss einhergehen.

Warum also dieser Premierenschwund? Weil ihr neue Erfahrungen mehr und mehr meidet und euch in den Erinnerungen an vergangene Premieren einrichtet. Und schließlich landet ihr bei Früher-war-mehr-Lametta-und-in-den-Ardennen-sowieso!

KIPPT BRANDBESCHLEUNIGER INS PREMIERENFEUER!

Kein kluges Konzept, um gut und frisch oder gar rebellisch durchs Leben zu gehen. Und ein Zeichen dafür, dass ihr auf dem besten Weg seid, alt und grau und mau und lahm zu werden. Euch fehlt das Premierenfeuer, das Erste-Mal-Funken im Schädel, das euch durch Mark und Bein geht und elektrisiert.

Ihr seid so jung wie die Anzahl der Premieren, die ihr in eurem Leben zulasst. Und ich merke immer mehr, dass die wirklich interessanten Menschen, die ich treffe, eines gemeinsam haben: Sie brennen für Premieren. Sie sind verrückt nach neuen ersten Malen. Sie kippen Brandbeschleuniger ins Premierenfeuer.

Alles, was ihr dafür braucht, ist ein wenig Mut und Fantasie, eine Prise Rebel Mind, um ein bisschen verrückt zu sein und etwas Neues auszuprobieren.

ZUM BEISPIEL ...

... eine neue Sportart ausprobieren.

... auf eurem Weg zur Arbeit nun doch einmal an dieser bestimmten Haltestelle aussteigen, von der ihr schon so lange dachtet: «Sieht interessant aus, hier sollte ich mal aussteigen!».

... eine Stadt, ein Museum, ein Konzert, eine Oper, ein Theater, ein Fußballspiel, einen Fastnachtsumzug, einen Gottesdienst, einen Shop, ein Restaurant besuchen, wo ihr noch nie wart.

... das nette, ältere (oder jüngere) Paar aus der Nachbarschaft nach Jahren doch einmal auf ein Glas einladen. Was ihr ja schon lange tun wolltet, aber Na-klar-die-Arbeit-die-Umstände-die-Zeit.

... oder geht einfach mal mit jemandem aus eurer Firma essen, mit dem ihr noch nie zusammengearbeitet, diskutiert oder geredet habt.

... traut euch, euren Leuten diese etwas verrückte Geschäftsidee vorzustellen, die keiner von euch erwartet.

Alles Premieren, alles erste Male. **Alles Dinge, die euch dieses gewisse Funkeln in die Augen zaubern können.**

Also kippt Brandbeschleuniger ins Premierenfeuer und werdet wieder verrückt nach Premieren!

Wer älter wird, erlebt weniger erste Male… das scheint die Regel zu sein: Mit zunehmendem Alter nimmt die Zahl der neuen Erfahrungen ab. Die Premieren der Vergangenheit verlieren vor lauter Nostalgie ihre Kraft. **Lasst euch von der Nostalgie nicht lähmen. Beginnt immer wieder etwas Neues.** Rebels sind verrückt nach dem Erste-Mal-Funken in ihrem Hirn, der elektrisiert und lebendig hält.

21 'AUF PICASSOS

SPUREN

Unternehmerlegende Richard Branson soll über 250 verschiedene Unternehmen gegründet haben, von denen viele schnell wieder in der Versenkung verschwanden. Prince soll im Laufe seiner Karriere über 1.000 Songs komponiert haben, von denen die meisten im Safe liegen und bis heute nicht veröffentlicht wurden. Sicher ist, dass Johann Sebastian Bach jede Woche eine Kantate komponierte. Thomas Edison meldete 1.039 Patente an. Albert Einstein schrieb 240 wissenschaftliche Abhandlungen.

Picasso hat 1.800 Gemälde, 1.200 Skulpturen, 2.800 Keramiken und 1.000 Zeichnungen geschaffen - nicht alle finde ich bemerkenswert. Tom Hanks, einer meiner Lieblingsschauspieler, sagt: «Ich habe viele Filme gemacht, die weder Hand noch Fuß hatten und kaum Geld eingespielt haben. Es ist schön, wenn es klappt ... aber in Wirklichkeit ist das Verhältnis von Misserfolg zu Erfolg eher 80/20. 80 Prozent von dem, was man tut, funktioniert nicht.»

An diesen Beispielen erkennt ihr, was Dean Simonton, Professor an der University of California, so auf den Punkt gebracht hat: «Hohe Qualität ist die Folge hoher Quantität. Wer mehr Meisterwerke zustande bringt, produziert auch mehr Mist.»

Wer also in Picassos Fußstapfen treten will, muss bereit sein, durch den selbstproduzierten Mist zu waten. Und wer ein Rebel Mind hat, ist dazu bereit...

FLEISS UND DISZIPLIN

Kreativ zu sein, umzudenken und sich was Neues einfallen zu lassen, ist nichts für Weicheier. Denn die erfolgreichsten Kreativen sind oft diejenigen, die am meisten scheitern. **Das müsst ihr erst einmal abkönnen. Diese Fehlschläge. Niederschläge. Mistigkeiten.** Und dafür braucht ihr Ausdauer, eine hohe Produktivität und den festen Willen, trotz aller Rückschläge dranzubleiben.

KREATIVITÄT IST NICHTS FÜR WEICHEIER.

Kreativität erfordert Fleiß und Disziplin. Klingt U-N-C-O-O-L, ist aber so. Bestehende Denkmuster und alte Gewissheiten loszulassen ... Dort klarer zu sehen, wo vorher Dogmen eure Sinne vernebelt haben ... Umzudenken und bisher Unverbundenes neu zusammenzusetzen ... Das ist keine Magie, sondern anspruchsvolle Arbeit, die ohne Fleiß und Disziplin undenkbar ist.

Was bedeutet das für euch als Unternehmer, als Mitarbeiter, für den betrieblichen Alltag?

Ein Unternehmen, das eine Zukunft haben will, muss auf das kreative Potenzial seiner Mitarbeiter setzen. Klar, das hat sich schon rumgesprochen. Dafür machen Unternehmen ja auch so einiges: Ideencafés, Ideenwettbewerbe, Kreativitätstrainings ... und die neuen Ideen sollen sprudeln. Denn nicht die Unternehmen mit den prall gefüllten Kassen werden am Markt die Nase vorn haben, sondern die mit den besten Köpfen.

Was dabei aber oft übersehen wird: Wie wahrscheinlich Fehlschläge sind, wie wichtig Fehlschläge sind und wie bedeutend Fleiß und Disziplin sind. **Dass der große Wurf, die Millionen-Dollar-Einhorn-Jahrtausend-Idee, nicht aus dem Nichts kommt. Sondern gut gedüngt aus einer Menge mistiger Misserfolge erwächst.**

Ihr müsst also für euer Unternehmen keine speziellen Köpfe einstellen, um eure Organisation kreativer zu machen. Ihr müsst aber ein Klima schaffen, das kreative Arbeit ermutigt. Führungskräfte sind dabei die Weichensteller, denn sie können einen Handlungsrahmen schaffen, der Kreativität wahrscheinlicher macht. Und das heißt eben auch – auf Picassos Spuren wandelnd – anzuerkennen, dass kreativer Fortschritt bedeutet, sich von Fehlschlag zu Fehlschlag emporzuirren.

Und ich glaube, hier muss in vielen Unternehmen noch ein Umdenken stattfinden. Um auch in Zukunft wettbewerbsfähig zu sein.

WIE UNCOOL SEID *IHR*?

Es gibt nichts Verletzlicheres als Kreativität. Das könnte euch aus dem bisher Gesagten klar geworden sein. Wer kreativ sein will, geht ein nicht unerhebliches Risiko ein.

Ausgetretene Pfade zu verlassen und Ungewöhnliches anzupacken, das ist alles andere als einfach, denn es macht euch angreifbar und verletzlich. Die Möglichkeit des Scheiterns schaut euch immer über die Schulter. Deshalb liegt es in der menschlichen Natur, dies so gut wie möglich zu vermeiden. Genau diese Verletzlichkeit ist aber der Geburtsort von Leidenschaft und Kreativität, weil sie den Menschen voll und ganz erfasst. «Fürchtet euch nicht!» habe ich geschrieben, weil ich weiß, dass es möglich und sinnvoll ist, mit klarem Blick ein solches Risiko einzugehen. Sich nicht ins Bockshorn jagen zu lassen.

Das Nachdenken über eure unternehmerische Kreativität führt euch somit direkt ins Herz eures Unternehmertums. Was allerdings auch der Weg ins Herz der Finsternis sein kann, wenn ihr feststellt: Null Leidenschaft. Null Kreativität. Null Coolness. Weil eure Leute nicht mehr für die Sache brennen. Weil eure Leute Fleiß, Disziplin und Engagement an der Pforte abgeben. Weil ihr nicht in der Lage seid, ein Umfeld zu schaffen, in dem Kreativität möglich ist. Weil ihr merkt: Ihr lasst euch ins Bockshorn jagen. **Ihr traut euch nicht, umzudenken.** Wirklich aus tiefstem Herzen heraus etwas Neues zu unternehmen. Oder Neues zuzulassen.

Und so beschränkt sich das Thema Kreativität in vielen Unternehmen leider auf Festreden und Firmenbroschüren. Schon klar. Man hätte gerne Kreativität auf Weltniveau, aber man investiert nicht. Olles Material, keine Trainings, kein Geld, keine Zeit. Keinen Mumm.

KEIN MUMM – KEINE KREATIVITÄT ...

Gary Hamel schlägt einen Schnelltest vor, den ich euch hier ans Herz lege, um zu schauen, wie uncool ihr seid, d.h. wie bereit ihr seid für Verletzlichkeit, für Risiko, für Kreativität.

Also stellt euch diese Fragen – oder geht als Unternehmer, Führungskraft, Manager, Entscheider rein in die Fabrikhallen, in die Büros, um von euren Leuten zu hören ...

1. Seid ihr trainiert worden, kreativ zu sein?

2. Wenn ihr Ideen habt, gibt es keine Bürokratie, die euch an der Umsetzung hindert?

3. Bekommt ihr Zeit, Geld und Ressourcen für eure Ideen?

4. Interessieren eure Ideen irgendjemanden
in der Organisation?

5. Bekommt ihr irgendeine Anerkennung für eure Ideen?

Wenn die Antwort weniger als dreimal «Ja» lautet, dürfte ziemlich klar sein, dass sich das Thema Kreativität bei euch tatsächlich nur auf Festreden beschränkt.

Wie steht es also um euren Mut, den Weg des kreativen Rebels einzuschlagen, der sich auch von Rückschlägen nicht entmutigen lässt? Wie bereit seid ihr, in die Fußstapfen von Picasso, Tom Hanks, Richard Branson, Prince und Bach zu treten und in euren Unternehmen neue Ideen zu fördern? Euch sogar neu zu erfinden?

Wer kreativ ist, scheitert auch immer wieder – und das nicht zu knapp. Kreativ zu sein, umzudenken, Neues zu erfinden, ist nichts für Weicheier. Denn das müsst ihr erst einmal abkönnen. Fehlschläge, Misserfolge, Niederlagen, Rückschläge. **Dafür braucht ihr Ausdauer und den festen Willen, trotzdem dranzubleiben.** Ihr braucht ein Rebel Mind.

[22] EIN GEIST, DER NICHT NICHT KLEBT

«Die einzige Arbeit, die auf Dauer wirklich lohnend ist, ist die Arbeit an sich selbst», so Friedrich Nietzsche.

Und er sagte das deswegen mit einer solchen Entschiedenheit, weil die meisten von uns vor dieser Arbeit zurückschrecken. Wir nehmen es nicht auf uns, uns im Loslassen dessen zu üben, was wir bei klarem Verstand für überflüssig halten. Wir scheuen das Umdenken, weil es anstrengend und riskant ist.

Denn wir Menschen haben den für unsere Zukunft fatalen Hang, immer nach dem einen bewährten Rezept zu suchen, um kein Risiko einzugehen.

Etwas Erfolgreiches zu kopieren, um selbst erfolgreich zu werden – das klingt einfach zu verlockend. Aber eine Reproduktion wird niemals auch nur annähernd so gut wie das Original. Wer einem vorgegebenen Rezept folgt, geht davon aus, dass irgendjemand schon den Weg ins Neuland wüsste. Das ist ein Trugschluss, denn dort, wo schon jemand war, ist kein Neuland mehr.

Ihr selbst müsst euren Weg ins Neuland finden. Und dieser Weg ist eben: neu.

MY WAY

Die Welt um euch herum verändert sich dramatisch. In so einer Welt etwas Neues anzupacken, erscheint natürlich im ersten Moment als wesentlich risikoreicher als einfach stillzuhalten. Den Status quo zu verwalten. Abzuwarten und abgestandenen Tee zu trinken, von dem ihr wenigstens wisst, wie gut er irgendwann mal geschmeckt hat. **Und vielleicht ist es sogar riskanter, kreativ zu sein, an sich und an seinem Unternehmen zu arbeiten, als nichts zu tun.** Zumindest für eine gewisse Zeit.

Aber wir haben keine Wahl. So sehe ich das jedenfalls. Für mich als «Ich». Für mich als jemand, der es gut meint mit Unternehmen, Führungskräften und Mitarbeitern. Für euch, die ihr euch dieses Buch geschnappt habt, weil ihr wissen wollt, was denn der Kreuz so meint, wie ihr etwas in der Welt bewegen könnt...

Ihr habt keine Wahl, wenn ihr euer Leben leben wollt, wenn eure Unternehmen auch in Zukunft Erfolge feiern sollen.

GEBT EUCH NICHT MIT ABGESTANDENER PLÖRRE ZUFRIEDEN!

«Unsere Welt erfindet sich gerade neu – und wenn wir erfolgreich sein wollen, müssen wir uns selbst ebenfalls neu erfinden», da halte ich es mit Erica Ariel Fox.

Ihr solltet die C-H-A-N-C-E nutzen, die ihr noch habt, euch zu verändern. Euer Unternehmen zu verändern.

Lösen sich Umsätze in Luft auf, weil das Geschäftsmodell erodiert, dann reicht es nicht, schnell mal ein paar Mitarbeiter zu entlassen. Oder ein neues Sparprogramm aufzulegen. Oder eine Change-Offensive mit schwungvollem Namen zu starten: Ein Jetzt-aber-wirklich-in-die-Zukunft-Projekt-für-Ärmel-Hochkrempler. Um wettbewerbsfähig zu bleiben, müssen sich Unternehmen für völlig neue Denkweisen öffnen.

Das Gleiche gilt für den Einzelnen. Wir sollten nach Antworten auf diese beiden extrem wichtigen Fragen suchen: «Wer bin ich?» und «Wer kann ich werden?»

Das bedeutet für euch, herauszufinden, welche Motive euch persönlich antreiben und welche Werte euer Handeln bestimmen. **Das ist harte Arbeit an euch selbst, die ebenso wichtig wie lohnend ist.** Das ist die Arbeit am eigenen Rebel Mind. Eine Arbeit, die mit einem leeren Blatt beginnt …

TORAWARENAI SUNAO-NA KOKORO

Ich finde es erstaunlich, wie sehr wir uns an Dinge K-L-A-M-M-E-R-N, die aus der Zeit gefallen sind, die wir aber trotzdem behalten, weil es schon immer so war. Und weil es uns so schwerfällt, etwas aufzugeben. Prozesse, Richtlinien, Vorschriften, Handbücher, Regeln, Verfahren, eigene Überzeugungen, scheinbar unumstößliche Rituale und Dogmen.

Wenn ihr euch von all dem, was euch hemmt, an dem ihr festklebt, wirklich befreien wollt, braucht ihr ein weißes Blatt Papier. **Diese herausfordernde Leere vor euch, die euch zu mehr anregt, als «nur» das schon Vorhandene umzudenken, die euch dazu anregt, etwas neu zu erfinden.**

Für mich gibt es nichts Inspirierenderes als ein weißes Blatt Papier! Denn wenn ihr etwas von Grund auf neu entwerft, müsst ihr nichts weglassen. Genau das, was Menschen und Unternehmen so schwerfällt, was vielen so viel Angst macht, darüber seid ihr dann hinaus.

Nun könnt ihr gestalten, entwerfen, hinzufügen – und das fällt uns allen so viel leichter!

KLEBT IHR ODER LEBT IHR?

Die Frage ist also nicht mehr: Was sollt ihr streichen? Was sollt ihr umdenken?

Die viel bessere Frage ist: Was soll auf das leere Blatt?

Also wälzt nicht mehr die alten Gedanken!

Schreddert das alte Handbuch! Die alte Broschüre! Die bewährten Vorlagen! Das gewohnte Angebot! Das, woran ihr festklebt!

Und dann: Lasst dem Rebellen freien Lauf! Fangt bei nichts an, bei Null, auf einem leeren Blatt.

Dann könnt ihr erreichen, was der japanische Industrielle Matsushita Kōnosuke empfohlen hat: «Torawarenai sunao-na kokoro» – «Ein Geist, der nicht klebt.»

> Wenn ihr euch wirklich von allem befreien wollt, was euch in eurem Denken hemmt und einschränkt, dann versucht es doch einmal mit einem weißen Blatt Papier. Denn das blanke, nackte Papier fordert euch heraus, mehr zu tun, als «nur» das schon Bestehende zu überdenken. **Fangt bei nichts an. Bei Null. Der Leere.** Lasst dem Rebellen in euch freien Lauf! Und gestaltet das Neue.

TEIL DREI

..AM TÜR-STEHER

VORBEI

23 VITE, VITE – MON DIEU!

Immer wenn ich meinen guten Freund René aus Cannes treffe, sind das Begegnungen der besonderen, ja herausfordernden Art: Denn René ist ungeduldig. Extrem ungeduldig. Brutal ungeduldig ... René ist Manager in einem französischen Elektrotechnikkonzern und an Tempo gewöhnt. Auf-Speed-geeicht. Und natürlich geht es ihm in seiner Firma auch selten schnell genug voran. Und das frustriert ihn. Ziemlich sogar. Und dieser Frust und auch seine Ungeduld, die erinnern mich schon sehr an den Peter Kreuz, der ich vor Jahren war. Vor – Mon Dieu, so lange her schon? – 20 Jahren, als ich mich entschied, diesen ungeduldigen und frustrierenden Pfad zu verlassen und zu versuchen, neue Wege zu entdecken.

Eine Begegnung mit René ist für mich immer wie eine Zeitreise. Eine Zeitreise im Zeitraffer. Und als ich das letzte Mal mit ihm unterwegs war und er immer mehr Fahrt aufnahm, immer ungeduldiger wurde: Da wurde mir immer klarer, warum ich in diesen 20 Jahren so einiges in meinem Leben bewegen konnte. Und ich denke, im Leben so mancher Leser und so mancher Zuhörer auch: Weil ich für mich die Kraft der G-E-D-U-L-D entdeckt habe.

Wobei es eine Lüge wäre, wenn ich sagen würde, dass diese Kraft immer mit mir ist ... Aus-dem-Kreuz-wird-wohl-nie-ein-Jedi-Ritter. Jedenfalls habe ich für mich etwas entdeckt, das ich euch gerne ans Herz und an die Nieren legen würde: **Rebels haben Geduld. Sie verstehen die Gestaltungspower**, die in einer geduldigeren Herangehensweise an die Dinge steckt.

RUCKI-ZUCKI

Das letzte Mal traf ich René vor einem Vortrag in Marseille. Ausgangspunkt war eine zweistündige Walkingtour vom alten Hafen durch das Panier-Viertel zur Kathedrale. Als der Guide es wagte, nach fünf Minuten einmal stehen zu bleiben, um eine Sehenswürdigkeit etwas ausführlicher zu erklären, grummelte René schon, **das sei doch eine «Walking-Tour» und keine «Rumsteh-Tour».** Wenn der Guide schneller wäre, könnten wir noch einen Abstecher nach Aix-en-Provence machen und auf dem Weg kurz am Strand stoppen. Vite, vite – Mon Dieu!

Klar, ich will auch viel sehen, wenn ich irgendwo unterwegs bin. Das ist ja auch einer der tollen Aspekte meines Lebens, wenn ich auf Vortragsreise bin und schöne Gegenden und interessante Städte entdecken kann. Dafür versuche ich mir auch Zeit zu nehmen. Und so war ich Renés Ideen zur Tagesgestaltung überhaupt nicht abgeneigt. Aber er wollte einfach zu viel. Zu viel in zu kurzer Zeit. Und so sehr René mir in solchen Momenten einen Spiegel vorhält, aus dem mich der frühere Peter leicht gestresst anlächelt, so sehr ist René ein Kind unserer Zeit. **Ein Kind einer Gesellschaft im Alles-immer-sofort-Modus.**

Diese Denkweise ist symptomatisch für unsere Gesellschaft: Speed-Datings. Express-Workouts. Fertig portionierte Erlebnisbrühwürfel aus der Erinnerungsfabrik. Blitz-Diäten. Schnellladegeräte. Breaking News im Schnellüberblick, Bücher-im-Instant-Get-Abstract-Blinkist-Rucki-Zucki-Einlauf ...

LEBEN IST KEIN BRÜHWÜRFEL – ANRÜHREN UND RUNTER DAMIT ...

Und es ist klar, dass sich diese Denkweise auch auf die Menschen in den Unternehmen überträgt. Natürlich wollen wir dann auch bei beruflichen Herausforderungen nur allzu gerne den Instant-Erfolg. Anrühren und runter damit! Viele Führungskräfte, Teamleiter, Unternehmer, mit denen ich in den letzten Monaten gesprochen habe, sind frustriert, weil Veränderungen nicht im gewünschten Tempo vorankommen.

Aber gerade dann solltet ihr nicht auf Rucki-Zucki setzen. Gerade dann, wenn ihr merkt, ihr kommt nicht voran. Wenn ihr merkt, ihr steckt fest, euch fehlt die Inspiration für das Neue, das euch voranbringen würde. Euch fehlt der Blick für das Alte, das sich lohnt, hier und jetzt neu anzupacken. Ihr habt einfach keinen Kopf für dieses weiße, leere Blatt Papier, das ihr am liebsten ungeduldig zusammenknüddeln und in die Ecke werfen würdet...

BRUCE LEE

Bruce Lee hat einmal gesagt: «Geduld ist nicht passiv, im Gegenteil: Sie ist konzentrierte Stärke.» Genauso sehe ich das auch. Und Rebels wissen das. Sie wissen diese konzentrierte Stärke zu nutzen.

Es gibt nun mal einerseits Dinge, die wir schnell erledigen können und andererseits Dinge, die Zeit brauchen und nur dann richtig gut werden, wenn wir sie mit Geduld angehen.

Echter Fortschritt braucht Geduld. Und ist gerade deshalb so kraftvoll.

ECHTER FORTSCHRITT BRAUCHT GEDULD.

Die folgenden fünf Punkte beschreiben meine Überzeugung, für die ich in Gesprächen und Vorträgen immer wieder werbe:

1. GEDULD BEDEUTET NICHT, NICHTS ZU TUN.

Ganz im Gegenteil. Es bedeutet, alles zu tun, was ihr könnt. Denn ihr wisst, dass Wertvolles Zeit braucht. Und so vertraut ihr darauf, dass die Zeit auf eurer Seite ist.

2. GEDULD BEDEUTET ZU AKZEPTIEREN, DASS DER WEG BEREITS DAS ZIEL IST.

Wer Großes vorhat, sollte nicht aufgeben, nur weil ein Problem nach einigen Wochen, Monaten oder Jahren noch nicht vollständig gelöst ist. Wenn ihr zum Beispiel Führung und Zusammenarbeit nachhaltig verändern wollt, wenn ihr die Kultur in einer Organisation verändern wollt, wenn ihr für mehr Vielfalt kämpfen wollt, dann solltet ihr akzeptieren, dass der Weg bereits das Ziel ist. Denn so sehr ihr auch für den Fortschritt kämpft und auf eine bessere (Arbeits-)Welt hofft, sie wird nie perfekt sein. Ihr werdet immer unterwegs sein.

3. GEDULD BEDEUTET, DEN DINGEN BEIM WACHSEN ZUZUSEHEN UND ZU WISSEN, DASS ES EBEN SEINE ZEIT BRAUCHT.

Kein Kind lernt an einem Nachmittag zu laufen. Niemand entwickelt eine tiefe Freundschaft während eines Abendessens. Niemand lernt eine Fremdsprache in einer Woche. Wenn ihr ein Musikinstrument spielen wollt, braucht ihr Zeit zum Üben. Ein Kunstwerk könnt ihr nicht im Schnelldurchlauf genießen. Ein leckeres, frisches Essen kann nicht in acht

Minuten zubereitet werden. Glaubt also den Instant-Quickie-Versprechen nicht.

4. GEDULD BEDEUTET, BEI RÜCKSCHLÄGEN NICHT HINZUSCHMEISSEN.

Wenn ihr Dinge gestaltet, wenn ihr mit neuen Möglichkeiten experimentiert, dann werdet ihr unweigerlich Rückschläge erleiden. Anstatt euch über diese Misserfolge zu ärgern, solltet ihr sie als einen Segen betrachten. Denn neue Ufer erreicht ihr nur, wenn ihr zu neuen Ufern aufbrecht. In einer Welt, in der persönliche und unternehmerische Weiterentwicklung zwingend damit verknüpft ist, Risiken einzugehen und Wetten mit ungewissem Ausgang auf die Zukunft abzuschließen, sind Rückschläge unvermeidlich. Sich ihnen zu stellen, ist einfach nur gesund und vernünftig. Vertrautes zu verlassen und Neues auszuprobieren, ist weltbewegend.

5. GEDULD BEDEUTET, DIE KLEINEN ERFOLGE AUF DEM WEG ZU FEIERN.

Wenn ihr kleine Erfolge feiert, heißt das nicht, die Hände in den Schoß zu legen und zu resümieren «jetzt ist alles gut». Vielmehr geht es darum, innezuhalten, die auf dem Weg gewonnenen Erkenntnisse zu reflektieren und im Austausch mit anderen die zwischenmenschlichen Beziehungen zu stärken. Es geht um kleine Pausen, um das Erreichte zu würdigen. Um euch daran zu erinnern, dass eure Anstrengungen einen Sinn haben. Um die Freude an der Reise zum gegenwärtigen Erfolg zu feiern. Ohne diese Pausen könnt ihr das, was vorher und nachher passiert, nicht wirklich verstehen.

«Geduld? Als ob ich Zeit für so 'n Blödsinn hätte! – Vite, vite – Mon Dieu!» Ja, ich gebe zu, dieser Satz von René könnte von mir stammen. Aber mittlerweile weiß ich, dass Geduld es uns ermöglicht, große Ziele zu erreichen. Wirkliche Fortschritte zu machen. Zu lernen, Vertrauen aufzubauen, Gefühle zu entwickeln und zu stärken. Und deshalb ist es so wichtig, dass wir Meister darin werden, unsere Zeit sinnvoll zu investieren – dass wir ein Rebel Mind entwickeln, um in der Welt etwas zu bewegen und zu gestalten.

Übrigens: René und ich waren weder am Strand noch in Aix-en-Provence. Wir haben es dann doch geschafft, das Tempo aus dem Tag rauszunehmen. Wir haben uns im Café de l'Abbaye ein paar Pastis gegönnt und in aller Ruhe die Atmosphäre und unser Wiedersehen genossen.

Auf die Geduld! A votre santé!

Ungeduldig zu sein mit dem Unwesentlichen. Ja! Aber auch geduldig sein mit dem, was wirklich wichtig ist. Geduld ermöglicht es uns, große Ziele zu erreichen. Echte Fortschritte zu machen. Zu lernen, Vertrauen aufzubauen, Gefühle zu entwickeln und zu stärken. **Alles Wichtige braucht Zeit.** Rebels wissen das. Geduld bewegt die Welt.

24 SEREN-DIPITY-REBELS

Was verbindet Pablo Picasso mit dem chinesischen Servicetechniker eines großen Haushaltsgeräteherstellers? Nun weniger die Kartoffeln, die in der Geschichte rund um den wackeren Techniker eine zentrale Rolle spielen. Auch wenn Picasso, nachdem er Van Goghs Gemälde «Die Kartoffelesser» gesehen hatte, einmal sagte: «Es muss wunderbar sein, ein neues Thema zu erfinden. Van Gogh zum Beispiel. Eine so alltägliche Sache wie die Kartoffeln.» Auch wenn ich mir gerne vorstelle, dass die Kartoffeln, die dem Techniker begegneten, von der Sorte «Picasso» waren …

Nein, etwas anderes verbindet die beiden: Sie waren beide Serendipity-Rebels …

DIE KARTOFFELN IN DER WASCHMASCHINE

In den Notizen von Pablo Picasso steht ein Satz, der mich elektrisiert: **«Ich suche nicht, ich finde.»** Was er damit meint, ist der offene Blick des Findenden beim Suchen, im Gegensatz zur E-I-N-G-E-S-C-H-R-Ä-N-K-T-E-N Sicht des Ewig-Suchenden.

Egal, ob es um euren perfekten Job, euren idealen Partner, die nächste Wohnung oder den passenden Mitarbeiter geht – das Problem bei der Suche ist: Ihr wisst oft viel zu genau, was ihr sucht. Ihr habt ein festes Bild vom Ergebnis im Kopf und tut euch deshalb schwer, das reale Äquivalent zu finden. **Das ist nicht ergebnisoffen!**

Aber auch das andere Extrem ist weit verbreitet: Menschen, die für alles offen sind, aber auch ohne Plan. Wer sucht, ohne die leiseste Idee zu haben, was zum perfekten Job, zum idealen Partner oder zum für mich bestmöglichen Leben dazugehört, der kann nur ein Ziel haben: niemals ans Ziel zu kommen. **Das ist nicht zielgerichtet!**

SUCHT NICHT, FINDET!

Nein, Picasso meinte eine Haltung. Eine Haltung, die ein Servicetechniker wunderbar veranschaulicht, der seiner Firma Haier - einem der größten Haushaltsgerätehersteller der Welt - damit einen neuen Markt erschlossen hat.

Ort des Geschehens: China. Ein Kunde ruft im Callcenter an: Seine Waschmaschine sei voller Schmutz und funktioniere nicht mehr richtig. Jemand solle sich das Problem bitte mal ansehen. Also schickt der Hersteller einen Techniker, um sich des Problems anzunehmen. Und nun kommen die Kartoffeln ins Spiel… Denn der Kunde ist Landwirt und baut Kartoffeln an. Der Schmutz in der Maschine stammt aber nicht nur von der Kleidung, die der Kunde bei der Kartoffelernte auf dem Feld getragen hat: **sondern auch von der Ernte selbst.** Der Landwirt hatte seine Waschmaschine nämlich doppelt genutzt: zum Waschen der Kleidung und zum Waschen der Kartoffeln.

Und nun kommt mein Lieblingsmoment, der den Techniker mit Pablo Picasso auf eine Stufe stellt: Denn er belehrt den Landwirt nicht, sondern kehrt mit einer ungewöhnlichen Idee in die Zentrale zurück… – und wenig später bringt das Unternehmen eine Waschmaschine auf den Markt, die sowohl Kleidung als auch Gemüse waschen kann. Der Techniker hat gefunden, ohne zu suchen… Er war fähig, das Unerwartete und Überraschende anzunehmen und in positive Ergebnisse zu verwandeln. Insofern war er ein Hoppla-was-war-das-da-schau-ich-doch-mal-genauer-hin-Rebel!

Und genau das ist mit Serendipity gemeint.

GLÜCKLICHE ZUFÄLLE GESTALTEN

Die Geschichte, die sich tatsächlich so zugetragen hat, stammt von Christian Busch, Direktor des Global Economy Programms an der New York University. Busch hat eines der besten Bücher zum Thema geschrieben: «The Serendipity Mindset: The Art and Science of Creating Good Luck». **Es handelt von der Fähigkeit, das Unerwartete und Überraschende zu akzeptieren und in positive Ergebnisse umzuwandeln.**

Es gibt Menschen, die darauf warten, dass sich die Umstände ändern, dass ein anderer etwas tut oder nicht tut. Und es gibt Menschen, die Chancen ergreifen, und seien sie noch so klein. Einfach etwas tun, auch wenn noch nicht ganz klar ist, was daraus wird. So wurde Amerika entdeckt, die Röntgenstrahlen und das Penicillin.

Aber: «Der Zufall begünstigt nur den vorbereiteten Geist», so Louis Pasteur. Und wenn ihr euren Geist vorbereitet, an einem Rebel Mind arbeitet, dann seid ihr in der Lage, glückliche Zufälle zu gestalten. Denn S-E-R-E-N-D-I-P-I-T-Y ist die Fähigkeit, Auslöser für das Entstehen solcher Chancen zu sein. Das heißt, ihr könnt das Glück aktiv herbeiführen. Ihr seid offen für das Unerwartete, das euch begegnet. Ihr seid fähig, euch auf eure Möglichkeiten zu konzentrieren.

Was euch einschränkt, lasst ihr auf eurem Weg links liegen. Schwierige Herausforderungen sind für euch Einladungen zur Neugestaltung.

Und diese Fähigkeit der Serendipity könnt ihr trainieren, um die Wahrscheinlichkeit ihres Eintretens zu erhöhen.

Ohne die Fähigkeit des Technikers, in der Situation mehr zu sehen als nur die dumme Zweckentfremdung einer Waschmaschine, wäre die Sache im Sande verlaufen.

«DIE ZUKUNFT BEGÜNSTIGT DEN VORBEREITETEN GEIST.»

Was im beruflichen Kontext gilt, gilt auch im privaten: Ich stelle immer wieder fest, dass die interessantesten Menschen, denen ich begegne, eines gemeinsam haben: Sie kultivieren die Serendipität. Manche bewusst, andere eher intuitiv. Sie haben die Fähigkeit, etwas zu entdecken, ohne danach gesucht zu haben. Sie bezirzen das Glück.

Als ich vor einigen Jahren in Südindien war, sah ich am Pool meines Hotels einen Mann, der in einem Liegestuhl saß und in das Buch «Drive» von Dan Pink vertieft war. Ich sprach ihn an und stellte fest, dass er ein guter Freund von Dan war. Ein glücklicher Zufall, denn er stellte den Kontakt für mich gerne her.

Das meinte Picasso: Die wahren Entdeckungen kommen überraschend. Ihr könnt sie nicht erzwingen oder beeinflussen. Aber ihr könnt euch auf sie vorbereiten: Nur ein wacher Geist, ein Rebel, wird sie finden.

Vorbei. Eine gute Gelegenheit für eine wertvolle Begegnung. Eine Chance, die Organisation voranzubringen. Es gibt Menschen, die sind blind für alles Neue. **Und dann gibt es diejenigen, deren Geist darauf vorbereitet ist, neue Chancen und neue Möglichkeiten zu erkennen.** Bereitet euch also vor: Werdet zu denen, die in der Lage sind, glückliche Zufälle anzuziehen. Werdet zu Serendipity-Rebels.

JOMO

Ich liebe JOMO!

JOMO ist für mich Freiheit. JOMO ist für mich Rebel Mind in Reinkultur. Ist für mich die Lust und Freude, die ich jedes Mal dann verspüre, wenn ich mich von FOMO befreie. Vom Zwang, überall dabei sein zu müssen. Wenn ich der «Fear of Missing Out» die Stirn biete.

FÜHRT MICH NICHT IN VERSUCHUNG!

Hach, ihr könnt mich mal all ihr vielen Möglichkeiten, von denen E-R-W-A-R-T-E-T wird, dass ich sie nutze. All ihr vielen Verpflichtungen, von denen die Welt erwartet, dass ich sie erfülle. Verpflichtungen, von denen ich selbst erwarte, dass ich sie erfülle … All ihr unendlichen Veranstaltungen, bei denen ich präsent sein könnte. Denke und fühle, es zu wollen. Wollen zu müssen. Bei denen ich in Versuchung gerate, das Ich-muss-überall-dabei-sein-Spiel zu spielen. Bei denen ich versucht bin, den Erwartungen an mich, euren Erwartungen, vor allem aber auch meinen eigenen, gerecht zu werden: zum Beispiel, dass ich dranbleibe und dieses Kapitel schreibe. Obwohl dieser Moment eigentlich für etwas anderes gedacht ist: für JOMO!

Wisst ihr was? Für heute klappe ich meinen Rechner zu. Ich genieße «the Joy of Missing Out». **Und tschüss!**

> JOMO ist für mich Rebel Mind in Reinkultur. Ist für mich eine Lust und eine Freude, dem Zwang die Stirn zu bieten, etwas zu verpassen, überall dabei sein zu müssen, sich den Erwartungen anderer anzupassen. **Versucht es auch mal mit «the Joy of Missing Out».** Genießt die Freude, etwas zu verpassen!

26 ZEIT.. FÜR DIE BIRNE

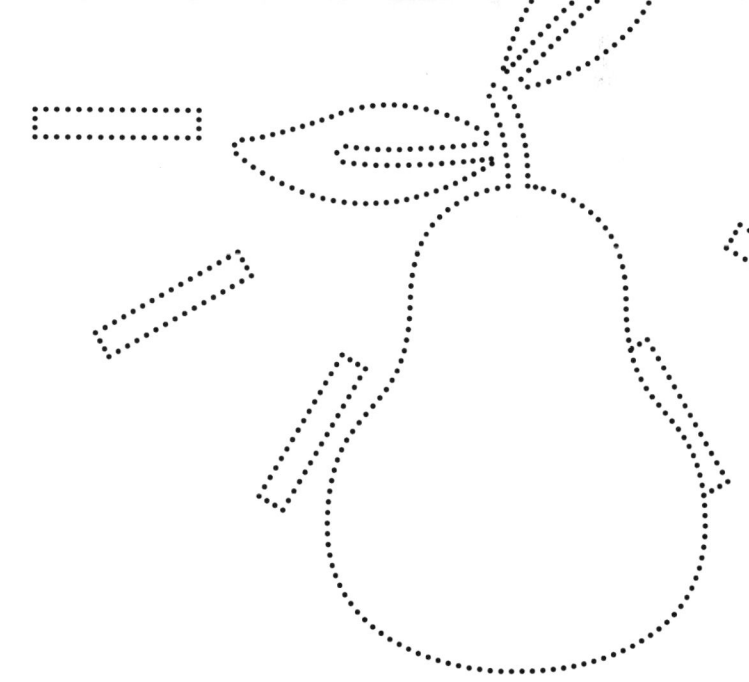

Hallo. Da bin ich wieder. Ich musste einfach mal für ein paar Momente aus der Spur. Laptop zu. Handy in die Schublade. Mein Hirn oben auf den Schrank, Tuch drüber. Und für einen Moment NUR SEIN. Der Ohne-Tagesordnungspunkt-ohne-Ziel-ohne-akute-Aufgabe-Peter. Einfach mal loslassen. Keine Konzentration. Und damit etwas tun, was in so vielen Unternehmen leider immer noch verpönt ist ...

Denn dort gilt es geradezu als Zeichen einer irreparablen Verhaltensstörung, ganz einfach mal zehn Minuten aus dem Fenster in die Wolken zu schauen und nachzudenken. Einfach mal eine kurze Auszeit nehmen? Eine glatte Zehn auf der Geht-gar-nicht-Skala. Dann doch lieber Beschäftigung simulieren. Wenn schon nicht arbeiten, dann wenigstens so tun, als ob.

HIRN AUF SCHRANK. TUCH DRÜBER.

Und warum? Weil in den Bibeln der Business-Motivation eben immer noch das hohe Lied des Aktionismus gepredigt wird. Heilige Worte, auf die unheimlich viele Manager schwören – und ihre Leute einschwören. Und im Handumdrehen seid ihr empfänglich für die Hohepriester der Church-of-Big-Business-Big-Player-Motivation, die so tollen Kram von sich geben, wie «Schlafen ist für Loser!», «Work hard till the door of your car opens in a vertical way!» – und ihr geht in die Knie ...

HAI-ALARM

Wie viel Zeit am Tag braucht ihr für eure Mails? Eine schon über zehn Jahre alte McKinsey-Studie nannte die Hausnummer von 28 Prozent der Arbeitszeit, die durchschnittliche Berufstätige damit verbringen, E-Mails zu schreiben und zu lesen. Eine krasse Zahl. An die ich persönlich lange nicht rankomme. Noch nicht einmal in meinen Old-Business-Days rankam. Halleluja! Aber wie auch immer: Mails sind Zeitfresser und Konzentrationskiller. Genauso wie manche Kollegen und Chefs, die mal eben anklopfen, den Kopf durch die Tür stecken, durchklingeln ...

«Hey, gut, dass ich dich treffe.
Ich brauche mal deine Einschätzung ...»

«Kurze Frage: Der Peter hat
nächste Woche Geburtstag.
Hast du eine Idee für ein Geschenk?»

**ICH HOFFE,
ICH STÖRE NICHT,
ABER KÖNNTEST DU
MAL KURZ ...**

«Kein großes Ding. Aber Sie haben mir doch letzte Woche die Präsentation geschickt. Könnten Sie mir die bitte ausdrucken ...»

Unterbrechungen gehören zum Joballtag dazu wie die Rückenflosse zum Hai. Kaum habt ihr euch ganz in Ruhe in eine Sache vertieft, schon: HAI-ALARM! Schon kommt der nächste Anruf, die nächste Frage-Unterbrechung per WhatsApp. Oder eben per Mail «Dringend!», «Wichtig!», «Eilt!»

Alles ganz normal. Alles im Sinne eines Business-Kodex, der sich den Aktionismus auf die Fahnen geschrieben hat und der somit auch auf solche Unterbrechungen schwört. Denn die geben einen ordentlich flotten Takt vor. Die Arbeitstage werden in hübsche kleine Häppchen zerlegt, die im Strom der Zeit dahin gleiten, mitschwimmen, Tempo machen. So wie früher die Maschinen mit ihren mächtigen Schwungrädern. Die Eisenbahnen, mit denen wir ins Industriezeitalter hineinbeschleunigt haben. Tim Taylor aus der Sitcom «Hör mal, wer da hämmert» hätte seine pure Freude: **«Mehr Power!»** Mehr Mails. Mehr Meetings. Mehr Zoom-Sessions. Mehr Jour Fixes. Mehr. MEHR. M-E-H-R.

Rebels aber schwören auf etwas anderes. Sie gestalten Arbeit anders...

EIN FRISCHER GEIST

Denn dass mehr Aktivität gleich mehr Produktivität sei, ist der Grundirrtum, dem all diese Aktionisten aufsitzen.

«Busy is the new stupid!», so hat es Bill Gates auf den Punkt gebracht.

Selbst ein gedopter Hamster, der so richtig auf Speed ist und es im Hamsterrad tempomäßig krachen lässt, dreht immer noch seine Runden im Hamsterrad.

Da können euch noch so viele Hohepriester und Gurus des Aktionismus das Blaue vom Himmel versprechen. Da könnt ihr noch so sehr auf Held der Arbeit gepolt sein, für die unermüdliches Rund-um-die-Uhr-bis-über-die-Schmerzgrenze-hinaus-arbeiten zum guten Ton gehört. Wirklich produktiv seid ihr dann nicht.

REBELS SIND KEINE HAMSTER AUF SPEED.

Rebels sind aber keine Hamster. Ihr wisst, dass die Wertschöpfung eures Arbeitstages nicht mit der Geschwindigkeit des Bandes, der Stückzahl oder den Arbeitsstunden steigt. Ihr wisst, dass euer Output durch lange Anwesenheit nicht automatisch wertvoller wird.

Kreative Ideen sind nicht das Ergebnis permanenter Beschäftigung. Neue Perspektiven entstehen nicht durch Beschleunigung. Es ist ein Irrtum zu glauben, dass aus operativem Aktionismus irgendetwas Gutes entsteht.

Wertvoller wird euer Einsatz durch den erbrachten Nutzen, die Präzision eurer Arbeit. Durch eure wertschöpfenden und innovativen und kreativen Lösungen. Eure Ideen, mit denen ihr einen echten Unterschied macht.

Und dafür braucht ihr einen frischen Geist. Dafür braucht ihr kluge Entschleunigung. Ihr braucht…

ZFDB

«Zeit für die Birne» – ZFDB, so habe ich diese kluge Form der Entschleunigung genannt. Klug aus meiner Sicht, weil ihr und jede Führungskraft und jeder Manager, der den Sinn von ZFDB versteht, sich selbst und seinem Unternehmen Gutes tut.

ZFDB als kluge Entschleunigung ist keine Auszeit VON der Arbeit, sondern Teil eines sinnvollen Arbeitsprozesses.
ZFDB ist keine Unterbrechung der Höchstleistung, sondern deren Grundlage.
ZFDB ist kein «nettes Extra», sondern in seiner Bedeutung strategisch.

Deswegen solltet ihr euch – also wenn ihr es gut mit euch und eurem Unternehmen meint – Zeit nehmen. Um nachzudenken. Um nicht-denkend-zu-reflektieren. Vielleicht ein kurzer Spaziergang, ein Schläfchen … Oder aus dem Fenster schauen und lächeln und «Oh-schau-mal-diese-Wolke-sieht-wie-ein-Hamster-aus» denken. Oder was gehört für euch zu einer Auszeit dazu?

LASST DIE AKTIONISMUS-PRIESTER NICHT IN EUREN KOPF!

Wichtig finde ich nur: Verbringt diese Minuten mit euch selbst! Das ist klug, und weil diese Klugheit auf der emotionalen Ebene ganz eng mit JOMO verbunden ist, macht es auch noch mehr Spaß … Wobei meine JOMO-Momente gerne spontan sind, Zeit für die Birne plane ich mir ein.

Denn das habe ich im Laufe der Jahre festgestellt: Wenn ich mir keine Zeit für die Birne in den Kalender eintrage, findet sie nicht statt. ZFDB bekommt einen festen Stammplatz in meiner Routine. Und ich schaue jeden Tag, wann ich dafür ein Zeitfenster einplanen kann. **My Daily-Rebel-Time …**

Und wenn euch dann dabei das schlechte Gewissen packt, die Aktionismus-Priester versuchen, sich mit ihrem Sermon in eurem Kopf breitzumachen, dann atmet durch. Lasst sie nicht in euren Kopf. Erinnert euch daran, dass ihr in diesen Momenten unglaublich produktiv seid. Erinnert euch daran, dass das Denken Freiräume braucht – und den Willen, nicht von der Verwaltung der Probleme zu leben, sondern von deren Lösungen.

Jeder von uns sollte wieder lernen, sich ohne schlechtes Gewissen kreative Auszeiten zu nehmen. Unternehmen sollten lernen, Räume der Zweckfreiheit zuzulassen. Denn gerade hier passiert oft Entscheidendes, ohne dass es geplant ist. Ideen brauchen Raum und Zeit zur Entfaltung. Auszeit. Zweckfreie Zeit. Räume, in denen es nicht klingelt und klopft und keiner den Kopf reinsteckt. Ob per Mail oder in Natura. Wollt ihr auch in Zukunft in eurem Business mit sehr guten KPI glänzen, dann setzt ab heute auf ZFDB.

MFG, Peter

> Glaubt nicht den Priestern und den Gurus des Aktionismus, die euch mit dem immer gleichen Sermon auf Linie bringen wollen, dass mehr Aktivität gleich mehr Produktivität wäre. Für die jeder, der auch nur unbeschäftigt wirkt, einen Frevel begeht. **Seid Kreative-Auszeit-Ketzer – nicht Hamsterrad-Helden.** Neue Perspektiven entstehen nicht durch Beschleunigung.

27 "GEBT DEM AFFEN ZUCKER!"

Auch wenn in der Theorie klar sein sollte, dass ihr Rebels braucht, um unternehmerisch voranzukommen: Menschen, die anders denken. Anders ticken. Auch wenn der Gedanke, dass Neues nur dort entsteht, wo die alte Ordnung in Frage gestellt wird, immer mehr Menschen nicht fremd ist.

In der Praxis aber ist so eine Störung der herrschenden Ordnung, der herrschenden Verhältnisse nicht willkommen.

Weil solche Andersdenker eben Menschen sind, die sich nicht nur rebellisch geben, während sie brav auf Linie hamstern. Die ihre Rebellion nicht durch Bürospinnereien und merkwürdige Kleidung ausleben. Auch ostentatives Aus-dem-Fenster-schauen ist nicht per se ein Erkennungsmerkmal von Rebels.

Nein, Andersdenker haben weder das Bedürfnis sonderbar auszusehen, noch ist den meisten ihre P-A-S-S-I-O-N ins Gesicht geschrieben. Sie tragen sie im Herzen. Und das macht sie für diejenigen, die am Alten festhalten möchten, noch unbequemer: Sie gehen an die Substanz....

AN DIE SUBSTANZ

Rebels sind keine Modeerscheinung, sie halten sich auch nicht lange mit Äußerlichkeiten auf.

Es geht um das, was sie tun und denken. Um die Themen, die sie ansprechen. Um den Finger, den sie in die Wunde legen. Um die weißen Elefanten, die sie auf die Tagesordnung setzen. Das ist es, was Rebellen an die Substanz gehen lässt. Denn dadurch werden sie zu denen, die am Status quo rütteln. Werden sie die, die traditionelle Überzeugungen hinterfragen. Konventionelle Erfolgsmuster attackieren. Denkgrenzen sprengen. Neue Einsichten aufspüren. Experimente wagen. Misserfolge analysieren und dann wieder von vorn beginnen. Und das immer und immer wieder.

SCHLUSS MIT AUF LINIE HAMSTERN!

Mag auch mal eine etwas schräge Krawatte bei rausspringen. Oder ein Look wie beim Man in Black Johnny Cash. Das zählt nicht. **Was zählt, ist, dass sie das starke Bedürfnis haben, sich den Bewahrern des Einfach-immer-weiter-so entgegenzustellen.** Und solange die in unseren Unternehmen noch so mächtig sind, die, denen die Veränderung des Bestehenden nicht in den Kram passt, brauchen die Rebellen ein wenig Schutz.

AN DER PERIPHERIE

Fortschritt kann es nur geben, wenn wir zulassen, dass das Bestehende zugunsten einer neuen Idee gestört wird. **Damit diese Störung ungestört voranschreiten kann, müssen wir versuchen, die Veränderer vor den Bewahrern zu schützen.** Weil Erstere sonst aus den Unternehmen gedrängt werden. Weil die, die noch das Sagen haben, mit neuen Ideen gerne mal à la Giordano Bruno verfahren. Sie landen auf dem Scheiterhaufen.

Ein beliebtes Vorgehen in Unternehmen ist es auch, die Veränderer, Ideensucher, Andersdenker und Nonkonformisten in Sonderprojekte, Inkubatoren oder firmeneigene Think Tanks abzuschieben. Dort sind sie dann prima geschützt vor dem neidischen Durchschnitt. Aber leider auch weit weg von der «normalen» Organisation.

VERBRENNT DIE STÖRER NICHT!

Aber dort, weit weit draußen an der Peripherie der Organisation, da gehören Rebellen nicht hin. Dort draußen entfalten sie nicht ihre volle fortschrittliche Wirkung.

Solche «Schutzräume» jenseits des unternehmerischen Alltags sorgen eher dafür, dass damit die geschützt werden, die im Status quo verharren. «Veränderung? - Nicht bei uns. Da gibt es eine Abteilung für ...»

Aber Veränderung ist eine tägliche R-E-A-L-I-T-Ä-T. Wem traut ihr es zu, Ideen zu entwickeln? Erfolgreich mit Veränderungen umzugehen? Genau die Leute müssen im unternehmerischen Alltag präsent sein. In Sicht- und Hörweite derjenigen, die vor den Veränderungen am liebsten Augen und Ohren verschließen.

WERTSCHÄTZUNG DES ANDERSSEINS

Das oberste Ziel einer innovativen Organisation muss also sein, erst gar keine Schutzräume zu benötigen.

Dazu braucht es eine andere Klarheit, was Veränderungen angehen. Einen anderen Mut, den Dingen auf den Grund zu gehen. Eine andere Form von Führung. Eine Führung, die souverän zwischen der Skylla einer Wir-haben-uns-alle-ganz-doll-lieb-Kultur und der

Charybdis von Am-liebsten-sind-mir-doch-die-Abnicker navigiert. **Dafür braucht es eine neue Wertschätzung des Andersseins** von ganz oben, von dort, wo die sitzen, die in eurem Unternehmen das Sagen haben. Also vielleicht auf dem Stuhl, auf dem ihr sitzt ... Was wäre nicht alles möglich, wenn die, die das Sagen haben, Rebels wären ...

VERÄNDERUNG VERSTEHEN. ATMEN. SEIN.

Denn in einer Welt des permanenten Wandels, in einer Welt der Veränderungen braucht ihr Menschen, die ein anderes Verhältnis zu diesem Wandel haben. Für die Veränderungen nicht nur Bedrohungen sind, sondern ihre Welt. Die Welt, in der sie sich bewegen. Die sie deshalb auch gestalten können. Weil sie die Veränderung verstehen. Atmen. Sind.

Also: Was immer die Rebels in eurem Unternehmen oder der Rebel in euch braucht, um das zu tun, was Rebels anders tun als die meisten. Was sie anders denken, als die meisten. Gebt es ihnen. Gebt dem Affen Zucker!

Der Wandel unserer Welt fordert uns heraus. Die Veränderungen fordern von uns, an die Substanz zu gehen. Dorthin, wo die Sehnsucht noch stark ist, uns am Status quo festzuklammern. Dorthin, wo wir hoffen, dass der Kelch der Veränderung an uns vorübergeht. **Menschen mit einem Rebel Mind nehmen diese Herausforderung an.** Lächelnd. Auge in Auge mit dem Sturm des Wandels.

28 SHIT SAND- WICH

Oh nein, nicht schon wieder … Puh, das ist einfach lästig! Wieder so eine Aufgabe, die anödet!

Was sind das bei euch für Dinge, die ihr tun müsst und die euch nerven? Von denen ihr denkt, dass sie euch von den wirklich wichtigen Dingen abhalten?

Und was wäre, wenn sich diese Dinge bei genauerer Betrachtung von einer Last, die euch widerstrebt, in eine Chance verwandeln ließen?

Was wäre, wenn ihr so einen Karate-Kid-Moment haben könntet, wie ihn Ralph Macchio alias Daniel LaRusso im ersten Teil der Filmreihe erlebt hat? Als er sich auf ein cooles Karate-Training freut und Pat Morita, Mr. Miyagi, ihm die Aufgabe gibt, den Zaun zu streichen, das Haus zu streichen, den Boden zu schleifen … Und sich seine anfängliche Enttäuschung über die lästige Aufgabe in Verständnis umschlägt, weil er versteht, was er dabei für sein Karate lernt. «Hai! Daniel-son!»

Ich glaube, dass die Menschen, die in der Welt etwas bewegen, genau das haben, was Miyagi Daniel zu vermitteln versucht: «Wenn du deine Aufgaben im Leben nicht einfach nur erledigst und abhakst, sondern sie dir zu eigen machst, sie zu einer Herzensangelegenheit machst, erst dann wirst du in der Welt etwas bewegen!»

Solche Menschen, die mit dem Rebel Mind, wie ich es nenne, begreifen Aufgaben als C-H-A-N-C-EN, als etwas, das sie herausfordert und beflügelt.

Große Werke werden oft von Menschen geschaffen, die aus vermeintlich miesen oder langweiligen Jobs etwas Bedeutendes gemacht haben. Denen es gelungen ist, aus alltäglichem Mist Gold zu machen – in den Flow zu kommen ...

FLOW

Neulich war dieses sensationelle Gefühl wieder da. In der Diskussion nach meinem Vortrag: Ich war im Flow. Wahnsinn. Solche Momente, in denen ihr Raum und Zeit völlig vergisst. In denen ihr aus dem Hier und Jetzt weggebeamt seid. In denen ihr voll in einer Tätigkeit aufgeht.

Blöderweise sind solche Flow-Momente bei vielen von uns selten. Woran das liegt? Ich bin ja fest davon überzeugt, dass wir viel zu selten in so einen Flow kommen, weil wir viel zu oft darauf warten. Darauf warten, dass dieser tolle-Wahnsinns-Flow doch endlich mal wieder bei uns um die Ecke kommt, um uns aus Raum und Zeit hinauszukatapultieren. Weil wir insgeheim glauben, dass uns der Flow widerfährt. Als hätten wir mit dem Flow eigentlich gar nichts zu tun. Als ob er uns auswählt ...

BEAMT EUCH WEG!

Wir sind aber nicht die Auserwählten. Die, die warten müssen. Die, die sich fragen: «Bin ich denn auch würdig für den Flow?» Hoffen. Und dann kommt er doch nicht vorbei – der Flow ... **Nein, der Flow ist eine Entscheidung**. Und als Daniel-son das kapierte, wurde aus dem Zaun von Mr. Miyagi mehr als nur ein Zaun. Anstreichen war mehr als eine blöde Tätigkeit. Er kam in den Flow. Beamte sich weg vom Planeten «Lästig». JA! – HAI!

Wenn ihr nicht auf den Flow wartet, sondern auf eine bestimmte Weise, auf Rebel Art und Weise, mit eurer Arbeit beginnt, dann ist die Wahrscheinlichkeit größer, dass ihr in den Flow kommt. Und was bedeutet das, auf «Rebel Art und Weise»?

Auf eine Weise, die die Arbeit wichtig macht. **Zu einer Arbeit, die Spuren hinterlässt.** Und zwar nicht erst, nachdem ihr im Flow seid. Ihr fangt einfach an. Ihr startet. Legt los. Liefert ab.

Flow ist immer die Folge eurer Arbeit. Nicht ihr Auslöser. Und der Auslöser ist Leidenschaft.

BRENNSTOFF

Eure Leidenschaft ist es, die eure Arbeit wichtig macht. Wie gesagt: Rebels tragen ihre Passion im Herzen. Das ist die Leidenschaft, die den Dingen, denen ihr begegnet, den Aufgaben, die ihr in Angriff nehmt, ihren Wert verleiht. Sie werden zu einem wichtigen Teil eurer Passion.

«Leidenschaft ist die Mutter großer Dinge», so sagte es der Schweizer Kulturhistoriker Jacob Burckhardt. Und das gilt nicht nur für Kunst und Wissenschaft, sondern auch für die Wirtschaft. Für euer Leben.

Ich bin sicher: **In der Wirtschaft der Zukunft müssen alle Mitarbeiter und Führungskräfte nicht nur mit Hand und Hirn, sondern auch mit Herz bei der Sache sein.** Leidenschaft wird zu dem Brennstoff, der allen Fortschritt antreibt.

«Wofür begeisterst du dich? Wofür brennst du?». Das sind meiner Meinung nach zwei sehr gute Fragen.

WAS SEID IHR BEREIT ZU ERTRAGEN?

Aber die Frage aller Fragen, die Nun-Heinrich-wie-hast-du-es-mit-der-Religion-Gretchenfrage für alle Rebels, lautet anders.

Sie lautet: **Wofür seid ihr so leidenschaftlich, dass ihr auch die unangenehmsten Aspekte ertragen könnt?**

Für diese Frage benutzt Mark Manson das einprägsame Bild vom Shit Sandwich. Er will damit sagen, dass jede Tätigkeit – egal wie wunderbar, aufregend oder glamourös sie auch erscheinen mag – immer ihre eigene Art von Mistigkeiten mit sich bringt. Ihre eigenen, nicht so tollen Nebeneffekte. Alles ist mit Opfern verbunden. Alles hat seinen Preis. Nichts ist immer nur angenehm oder erbaulich.

Ich finde, das ist ein befreiender Gedanke, einem Rebel Mind würdig. Ihr müsst euch nur entscheiden, was ihr zu ertragen bereit seid. Und was eben nicht… **Diese Entscheidung lässt euch, egal was ihr dann auch tut, in den Flow kommen – und macht euch fähig, aus alltäglichem Mist Gold zu machen.** Klappt nicht immer. Manchmal ist ein Zaun einfach nur ein Zaun… Aber es klappt auf jeden Fall besser, als der Leidenschaft und den eigenen Entscheidungen nicht diese Macht zu geben.

Was also liebt ihr so sehr, dass es euch nichts ausmacht, das Shit Sandwich zu essen, das damit einhergeht?

Entscheidet euch und ihr habt die Chance, Großes zu bewegen. Oder wie Mark Manson sagt: «Also, findet euer Lieblings-Shit-Sandwich. Und ihr könntet genauso gut eines mit einer Olive wählen.»

Egal, ob in eurem Leben, in der Gesellschaft und erst recht in unserer Wirtschaft: Um Zukunft zu gestalten, braucht es mehr als Verstand, mehr als technisches Know-how. Braucht ihr mehr als das, was ihr euch mit Büchern, mit Workshops, Weiterbildungen draufschaffen könnt: **Ihr braucht Leidenschaft.** Leidenschaft ist der Brennstoff, der allen Fortschritt antreibt.

29 KULTUR DER BE-SCHEI-DEN-HEIT

An diesem Zitat bin ich nicht vorbeigekommen, als ich zu einem Vortrag nach Griechenland eingeladen wurde. Auch auf die Gefahr hin, Eulen nach Athen zu tragen, weil ich mich damit in eine lange, lange Kette von Zitatieros einreihe: Sokrates musste einfach sein. Und damit meine ich nicht den ihm zugeschriebenen, eher unbekannten Ausspruch: «Heirate auf jeden Fall! Wenn du eine gute Frau bekommst, wirst du glücklich. Wenn du eine schlechte Frau bekommst, wirst du Philosoph» – wohl in Anspielung an seine Frau Xanthippe. Nein, ich meine natürlich den Klassiker: «Ich weiß, dass ich nichts weiß!»

Das Eingeständnis der eigenen U-N-W-I-S-S-E-N-H-E-I-T kommt oft nicht gut an. Es muss uns ja nicht wie Sokrates ergehen, dem sein Philosophieren den Schierlingsbecher einbrachte. **Aber oft wird das Eingeständnis, etwas nicht zu wissen, mit Schwäche und Inkompetenz assoziiert.** Eine Zuschreibung, die Rebels nicht schreckt. Denn sie wissen um die Gestaltungskraft des Nichtwissens...

EIN BANKÜBERFALL

Dienstagvormittag in Bissendorf bei Osnabrück. Ein Bankräuber betritt eine Bank in der kleinen Gemeinde. Mit vorgehaltener Waffe fordert er Geld, doch die Angestellte sagt sinngemäß: «Tut mir leid, das geht leider nicht.» Daraufhin flüchtet der Täter.

Etwa zehn Minuten später greift ihn die Polizei an einer Bushaltestelle ganz in der Nähe der überfallenen Bank auf, wo er seelenruhig auf den nächsten Bus wartet. Ich vermute, er konnte dann nicht mehr mit dem Bus nach Hause fahren...

Was für eine Geschichte! Eine Geschichte über Selbsterkenntnis und Selbstüberschätzung. Davon, wie es Menschen ergehen kann, denen es nie in den Sinn käme, an ihrem eigenen Wissen zu zweifeln – oder gar zuzugeben, dass sie etwas nicht wissen ... **Eine Geschichte, die den Dunning-Kruger-Effekt illustriert.**

Die beiden Sozialpsychologen David Dunning und Justin Kruger haben in ihrer Ende des letzten Millenniums veröffentlichten Studie «Unskilled and unaware of it» gezeigt, dass unter bestimmten Rahmenbedingungen Inkompetenz gerne gepaart mit Selbstüberschätzung auftritt.

Ihr kennt das wahrscheinlich: Diejenigen, die am allerwenigsten über ein Thema Bescheid wissen, sind oft die, die glauben, sie wüssten es besser als alle anderen. **Bei ihnen schlägt der Dunning-Kruger-Effekt zu**: Eben genau wegen ihrer Inkompetenz, ihres Nichtwissens, glauben sie, dass sie anderen überlegen sind. Dass sie es ganz genau wissen. Und deshalb haben sie ein besonders ausgeprägtes Selbstbewusstsein.

INKOMPETENZ GEPAART MIT SELBSTÜBERSCHÄTZUNG = SELBSTBEWUSSTSEIN[2].

Die Frage, die sich mir deshalb stellt: Was können wir tun, um nicht selbst in diese F-A-L-L-E zu tappen? Meine Vorschläge:

1) Überfallt keine Bank und wartet dann in der Nähe an einer Bushaltestelle auf den nächsten Bus ;-).
2) Beherzigt eine Kultur der Bescheidenheit – lebt sie vor als Mensch, Kollege, vor allem als Chef ....

IT'S
A KIND
OF MAGIC

Rebels halten es mit der Einsicht von Irv Grousbeck, seines Zeichens Professor in Stanford, der «Ich weiß nicht» für **magische Worte** hält, die von Bescheidenheit und Selbstvertrauen zeugen. Ein Selbstvertrauen, das sich aus Selbsterkenntnis und nicht aus Selbstüberschätzung speist – und deshalb wirklich etwas bewegt.

Ein Selbstvertrauen, das eine Kultur stiften kann, in der man den Dingen, den Problemen, den Lösungen wirklich auf den Grund gehen kann. Eine Bei-uns-ist-die-Klarheit-wichtiger-als-der-Schein-Kultur. Eine Kultur der Bescheidenheit.

Zur Vorbereitung eines Workshops habe ich mit dem Geschäftsführer eines Mittelständlers über die Kultur in seinem Unternehmen gesprochen. Er sagte den erstaunlichen Satz: «Wir können vieles, aber vor allem können wir gut zuhören - und wir sind bescheiden».

Solche Aussagen höre ich eher S-E-L-T-E-N. Leider ist eine solche Kultur in Unternehmen, die eben nicht auf Selbstüberschätzung setzt, noch eher eine Seltenheit: «Ach, wir wissen, wo der Hase lang läuft... Wir kennen uns aus!» Selten ist eine Kultur, die davon ausgeht, dass Lernen immer möglich ist. Die durch die Bescheidenheit des Nichtwissens zum Zuhören gebracht wird, um das eigene Wissen zu vermehren. **Bescheidenheit ist keine Limitierung.** Und davon erzählte mir der Geschäftsführer stolz.

«*BEDENKE, DASS DU EIN MENSCH BIST.*»

Ich glaube, dass Bescheidenheit anziehend ist: Beobachtet euch selbst. Ich bin sicher, dass ihr euch mehr zu den Großen und Bescheidenen hingezogen fühlt als zu den Großen, die sich ihrer Bedeutung bewusst sind und dies allen mitteilen müssen.

Wer bescheiden ist, hat gesunden Menschenverstand: Das Wissen, das ihr nicht habt, ist viel größer als das Wissen, das ihr habt. Sobald ihr diese Grenzen erkennt, werdet ihr bescheidener.

Wenn ihr Bescheidenheit fördert, fördert ihr Ideen: Entdeckungen sind viel wahrscheinlicher, wenn ihr bescheiden seid. Bescheidenheit - nicht Hybris - ist der Nährboden für kreatives Neues.

In der römischen Antike gab es bei Triumphzügen ein Ritual. Dabei stand hinter dem Triumphator ein Sklave, der den Lorbeerkranz als Zeichen des Sieges über das Haupt des Siegreichen hielt. Der Sklave tat aber noch mehr: Er sprach immer wieder die Worte «Memento te hominem esse.» – «Bedenke, dass du ein Mensch bist.» Um eben der Hybris entgegenzuwirken, um zur Bescheidenheit zu mahnen. «Bedenke, dass du ein Mensch bist.» – «Bedenke, dass du ein Mensch bist.»

Bescheidenheit gehört zu einem Rebel Mind wie eine Tasse Kaffee zu einem guten Morgen. Wie Sokrates zu Platon. Alpha zu Omega. Mick zu Keith. Eine Kultur der Bescheidenheit ist keine Kultur des Kleinmachens, sondern eine Kultur wahrer menschlicher Größe. Getragen von denen, die, weil sie wissen, dass sie nicht alles wissen, neugierig sind auf alles, was sie noch wissen könnten.

Staunen – das war für Aristoteles der Ursprung der Philosophie: ein staunender Blick, der deutlich macht: «Hey, da ist einer, der nicht schon alles weiß. Der nicht schon alle Antworten kennt». Ein Staunen, von dem ich mir wünsche, dass mehr Menschen es für sich entdecken: **Weil es zu Fragen führt und eine rebellische Neugier weckt, den Dingen auf den Grund zu gehen.** Weil ihr, wenn ihr bescheiden zugebt, etwas nicht zu wissen diejenigen seid, die uns weiterbringen.

30 DON'T SETTLE

Pablo Casals ist eine immens interessante und außergewöhnliche Persönlichkeit. Im Herbst 2023 wurde der 50. Todestag des Spaniers gefeiert. Mit Konzerten, Zeitungsartikeln und von Menschen weltweit, die seine Aufnahmen abspielten. Durch seine konsequente Haltung gegenüber politischen Regimen, welche die Freiheit der Menschen und den Frieden bedrohen, ist und bleibt Casals ein Vorbild. Er ging als einer der größten Cellisten aller Zeiten in die Geschichte ein. Mit seinem Wirken und auch seinen Kompositionen hat er dem Cello in der Musikwelt einen höheren Stellenwert gegeben.

Als Pablo Casals 90 Jahre alt war, wurde er gefragt, warum er immer noch jeden Tag vier bis fünf Stunden übe. Seine nüchterne Antwort: «Ich habe das Gefühl, ich mache Fortschritte.»

Mit über 90 Jahren.

Wie cool ist das denn!

Ich liebe diese Aussage. Was für ein Rebel Mind. **Was für ein Ansporn, es ihm gleichzutun.** Dranzubleiben. Mehr zu wollen. Über mich hinauszuwachsen. Zu liefern. Zu leben. Außerordentlich außergewöhnlich zu sein.

MINIGOLF

Wie oft läuft es aber anders?

Wie viele Menschen hören auf, sich anzustrengen, wenn sie glauben, es geschafft zu haben? Nach dem Motto «Der Kahn ist jetzt im Trockenen...» Ich kann mir sehr gut vorstellen, dass das zum Beispiel eine der häufigsten Kritiken von Eheleuten am Partner ist: «Kaum haben wir geheiratet, hast du dich nicht mehr um mich bemüht!»

Wie oft glauben wir, dass wir am E-N-D-E unserer Fragen angelangt sind und alle Antworten kennen?

Wie oft wähnen wir uns so sicher - und fangen an, anderen die Schuld zu geben, wenn die Dinge nicht so laufen, wie sie sollten? Und hören damit auf, aus unseren Fehlern zu lernen.

Wer glaubt, mit allem fertig zu sein, ist mit seinem eigenen Leben schon fertig, bevor der große Schnitter sein letztes Wort gesprochen hat. Stillstand ist Tod. Ohne Bewegung kein Leben.

«ICH HABE DAS GEFÜHL, ICH MACHE FORTSCHRITTE.»

Um es ehrlich zu sagen: Nur ein Idiot glaubt, er sei irgendwann angekommen! Und um es noch ehrlicher zu sagen: Ein-, zweimal, vielleicht dreimal oder so um den Dreh herum war ich auch so ein Idiot. Ich weiß nicht, wie es euch geht. Aber ich kann mir mittlerweile fast jeden Tag in vielen Bereichen sagen: «Ich habe das Gefühl, ich mache Fortschritte».

Und wenn es nur beim Minigolf ist ;-)

Aber im Ernst: Diese eine Station, an der ich immer wieder übers Ziel hinausschieße. An der ich den Ball immer wieder einen Ticken zu hart treffe, so dass er nicht im Loch verschwindet, sondern am Lochrand Schwung nimmt. Schwung nimmt, um dann über den

Rand zu hoppeln. In den Büschen zu verschwinden. Wenn ich da dann doch nur einen Schlag brauche. Das Gefühl habe, ich habe mich verbessert…

«Ich mache Fortschritte.» – Das sagen zu können, das macht mich schon ein bisschen stolz. Und spornt mich an, es weiter zu versuchen… – es bringt mich nicht dazu, mich auf diesen Lorbeeren auszuruhen.

ACHTUNG BABY

Nein, Erfolg ist kein Ruhekissen für Rebels. Sie lassen nicht nach. Aber verwechselt dieses Streben bitte nicht mit der Suche nach Perfektion. Um die geht es nicht. Vollkommenheit ist nicht das Ziel von Fortschritt.

«Vollkommenheit ist Charakterlosigkeit!», sagt Musikproduzent Brian Eno, der mit Roxy Music berühmt wurde, David Bowies Berlin-Trilogie produzierte (und «Heroes» mitkomponierte) sowie die Millionenseller «Joshua Tree» und «Achtung Baby» von U2.

SEID IHR LIEBER VOLLKOMMEN ODER AUSSERGEWÖHNLICH?

Ja, Achtung Baby: Exakt meine Meinung! Charakterlos… Die interessantesten Menschen sind häufig keine abgerundeten Charaktere. Und genau das macht sie so erfolgreich. Sie sind eben in jeder Hinsicht alles, außer gewöhnliche Typen. Vor allem auch deshalb, weil diejenigen, die sich selbst gut einschätzen können und ihre Defizite kennen, nicht versuchen, ihre Schwächen um jeden Preis auszumerzen wie eine lästige Warze.

Nein, Perfektion ist nicht das Ziel, sondern das **Ende allen Fortschritts.** Eben genanntes Ruhekissen, von dem ihr euch vielleicht nicht mehr erhebt.

Warum? Perfektionismus kostet Kraft, die euch im entscheidenden Moment woanders fehlt. Perfektionistisches Verhalten macht euch defensiv, wo Innovation gefragt ist und verhindert euren Erfolg.

«Perfektionismus ist Angst in schicken Schuhen und einem Nerzmantel», so Elizabeth Gilbert.

Einer, der sich dieser Angst gestellt hat, ist Mike Winkelmann. Im Jahr 2007 beschloss er von nun an jeden Tag ein Kunstprojekt zu vollenden. Unter dem Künstlernamen Beeple hat er bis heute 6146 Kunstwerke geschaffen, die er Everydays nennt. Dieses Werk «Everydays: The First 5000 Days» wurde im Februar 2021 von Christie's für 42.329.453 Ether (umgerechnet 69,3 Millionen US-Dollar) versteigert.

Mir geht es jetzt an dieser Stelle nicht um die Qualität oder den Wert seiner Werke, sondern um Beeples Haltung: **Er liefert. Er bleibt am Ball.** Er hat einen Weg gefunden, mit zwei großen Ängsten klarzukommen, die euch daran hindern können, über euch hinauszuwachsen.

Da ist zum einen die Angst vor dem Anfang, die in die allseits-bekannte-vielfach-beschriebene-verfluchte-Aufschieberitis mündet. Viele scheuen die Entscheidungen, die Anfänge mit sich bringen. Das JA! Ich lege jetzt los. JA! Ich mache jetzt Sport. JA! Ich lasse den Fernseher aus und lese ein Buch. JA! Ich suche mir einen anderen

Job. JA! Ich lasse einfach mal alle Managementweisheiten links liegen und höre auf meinen eigenen Verstand. JA! – Ich traue mich, auch NEIN! zu sagen.

Und dann zum anderen die Angst vor dem Ende. Weil wir den Fehlschlag fürchten. Weil alles perfekt sein muss. Diese Angst vor dem Ende klopft der Angst vor dem Anfang wohlwollend auf die Schulter, und gemeinsam sorgen sie dafür, dass ihr stehen bleibt. Stockt. Verharrt. Verunsichert. Nicht mehr liefert.

Aber erst im Handeln findet ihr heraus, wer und was ihr wirklich seid. Was alles in euch steckt. Was in eurem Business steckt. Also bleibt dran. Bleibt auf der Suche. Bewegt euch. Jeden Tag. Bleibt nicht hängen. Don't settle. Lebt außergewöhnlich. Lebt rebellisch. Damit ihr immer sagen könnt, auch noch mit 50, 60, 70, 90 …: «Ich habe das Gefühl, ich mache Fortschritte.»

Wer glaubt, mit allem fertig zu sein, ist mit seinem Leben fertig, bevor er es wirklich gelebt hat. Und deshalb bleiben Rebels in Bewegung. Sie freuen sich über ihre Erfolge, ruhen sich aber nicht darauf aus. **Sie lassen sich anspornen. Dran zu bleiben. Mehr zu wollen. Über sich hinauszuwachsen.** Um außerordentlich außergewöhnlich zu sein.

³¹ DIE FREIHEIT SEID IHR!

Wie blau seid ihr? Oder rot? Oder gut durchmischt ... Persönlichkeits-tests sind beliebt. Als Rubrik in Illustrierten oder als Instrument, um die Eignung eines Bewerbers abzuchecken. Aber Persönlichkeits-tests sind auch so eine Sache. Nicht unumstritten. Ich denke bei Per-sönlichkeitstests immer an die Mutter aller Persönlichkeitstests: das Orakel von Delphi aus der griechischen Antike. Denn moderne Persönlichkeitstests haben mit dem Orakel etwas gemeinsam: Sie bieten die Möglichkeit, mehr über sich selbst zu erfahren und zu lernen. «Erkenne dich selbst!», lautet die Aufforderung in Delphi.

Und es ist kein Zufall, dass – egal welchen Persönlichkeitstest ich auch mache – sich fast immer Freiheit als einer meiner stärksten Antriebe herausstellt.

Erkenne dich selbst ... Und weil die Freiheit ein so großer Teil von mir ist, habe ich damals meine Jobs in der Unternehmensberatung und als Professor an der Wirtschaftsuniversität Wien aufgegeben. Ich hätte meine Unabhängigkeit verloren. Also habe ich mich be-freit. Von dem, was mich eingeengt hat. Von dem, was sich fremd angefühlt hat. Von dem, was ich Tag für Tag lebte. V-O-N ... **Ja, das ist das Entscheidende, von dem ich heute weiß, dass es ein Rebel Mind ausmacht: dass ich mich von diesem «von» gelöst habe.** Von dem Gedanken, Freiheit sei nur die Freiheit von etwas ...

RIESENCHANCE

Was sich seit einigen Jahren in den Unternehmen abspielt, Stich-wort «Demokratisierung der Arbeitswelt», «New Work», ist eine rie-sige Chance für Menschen und Organisationen: Endlich aufhören, nach altem Gusto zu arbeiten. Endlich Nein! zu sagen zu all dem

Machtmanagement-Hamsterrad-Hierarchie-Karriereleiter-Gehabe. Ich finde das großartig. Endlich frei ... frei von starren Regeln. Frei von erdrückenden Hierarchien, frei von lästigen Pflichten, frei von ständiger Kontrolle.

SCHLUSS MIT MACHTMANAGEMENT-HAMSTER-RAD-HIERARCHIE-KARRIERELEITER-GEHABE.

Klasse, weil es auch für unsere Wirtschaft gut ist. Wenn die Rahmenbedingungen die Menschen in unseren Unternehmen nicht mehr einschränken. Mehr Freiheit bedeutet dann auch mehr Vertrauen. Bedeutet, dass es mehr Führungskräfte gibt, die verstehen, dass es ihre wichtigste Aufgabe ist, ihren Mitarbeitern den Weg zu ebnen.

Klasse. Aber nur die halbe Miete ... **Denn Freiheit ist so viel M-E-H-R, als diese Freiheit von etwas.**

Wenn ihr nur die Sorte «Freiheit von» kennt, dann kennt ihr nicht die ganze Freiheit. Und ihr lebt nicht euer Leben, ihr verpasst für euch persönlich eine Riesenchance ...

LEBENSWERT

Und so bedeutet Unabhängigkeit für mich heute nicht nur die Freiheit, mich von Zwängen zu befreien, zum Beispiel von den Erwartungen anderer oder von meiner Sorge, den Erwartungen anderer nicht zu entsprechen.

Unabhängigkeit bedeutet für mich heute auch die Freiheit Z-U etwas: **Etwas zu gestalten. Etwas zu erschaffen. Auszudrücken. Das** eigene Lied zu singen. Den eigenen Tanz zu tanzen. Frei zu sein für sich selbst. Erst beide Sorten Freiheit zusammen machen das Leben rund. Lebenswert.

TANZT EUREN EIGENEN TANZ!

Denn erst dann übernehmt ihr in vollem Umfang Verantwortung für euer Leben. **Macht euer Leben zu eurem Leben.** Ihr schafft etwas, was übrigens auch unsere Wirtschaft dringend braucht, egal ob ihr Mitarbeiter oder Chefs seid: Eigenverantwortung an den Tag legen.

Wer die Freiheit in ihrem ganzen Umfang für sich ernst nimmt, für den ist es ein No-Go, den Finger auszustrecken und auf andere zu zeigen: «Mein Chef wollte das so», «Ich habe doch nur meinen Job gemacht», «So sind eben die Vorgaben». Sich mit Sachzwängen rauszureden, die einen daran gehindert haben, etwas zu tun - das funzt dann nicht mehr.

Was aber auch nicht mehr klappt, ist, die Verantwortung für die eigene Zukunft zu delegieren. Sich Entscheidungen abnehmen zu lassen. Einfach vor sich hinzuleben und sich nicht solche extrem wichtigen Fragen zu stellen, wie: **«Wer bin ich?»** und **«Wer kann ich werden?»** Die Tage, Wochen und Jahre verstreichen lassen, ohne zu ergründen: «Was finde ich eigentlich am Leben lebenswert?» – «Wozu lebe ich überhaupt?»

VON
UND ZU
REBEL

Viktor Frankl hat gesagt: «Die Freiheit ‚hat› man nicht – wie irgendetwas, das man auch verlieren kann –, sondern die Freiheit ‚bin ich‘.»
Niemand kann euch also unfrei machen. **Niemand kann euch die
Freiheit nehmen, es sei denn, ihr gebt sie auf.** Und das heißt, ihr
gebt euch selbst auf.

Tatsächlich tun das viele Menschen. Sie erlegen sich einen lebens-
langen Freiheitsentzug auf, indem sie sich nur einen Ausschnitt der
Wahrheit zugestehen. «Mein Job macht mir keinen Spaß. Und wenn
schon, irgendwie muss ich die Miete bezahlen ... Ich würde gern eine
Auszeit nehmen und dann etwas ganz anderes machen. Schön
wär's, aber dazu fehlt mir die nötige Kohle ...» Dahinter steckt immer
das gleiche Muster. Menschen verweigern sich der Frage: «Was will
ich eigentlich vom Leben?». Der Frage nach ihrem eigenen Wozu.

NIEMAND KANN EUCH UNFREI MACHEN.

Aber warum tun sie das? Sie fürchten die Konsequenzen, die eine
ehrliche Antwort auf diese Frage nach sich ziehen könnte. Die Konsequenz, dass sie wählen müssten.

Rebels fürchten sich nicht davor, die Wahl zu haben. Rebels entscheiden sich. Also: In welche Richtung wollt ihr gehen?

Es braucht Mut, um dem Leben eine andere Richtung zu geben. **Wenn wir nicht wissen, wozu wir frei sein wollen, ist jeder
Kampf sinnlos.**

Also zurück nach Delphi: Wozu also das Ganze? «Erkenne dich selbst!» Findet ihr eure Antwort, dann könnt ihr euch von und zu Rebel nennen :-)

Wenn ihr unabhängig seid, dann seid ihr nicht nur frei von etwas … Frei von Dingen, die euch einschränken, von Verpflichtungen, von Regeln, deren Sinn ihr nicht erkennt. Dann seid ihr darüber hinaus auch frei zu etwas … **Wenn ihr wisst, wozu ihr frei sein wollt, seid ihr frei, etwas zu gestalten. Auszudrücken.** Freiheit ist mehr als Flucht. Es geht darum, deinen eigenen, atemberaubenden Tanz zu tanzen!

32 WABI-SABI

Zu satt. Angepasst. Artifiziell. Perfekt. Ausgefeilt. Die immer gleichen Erfolgsmuster wiederholend. Mainstream. Der britische Punk war eine Gegenbewegung, ein Protest gegen den progressiven und pompösen Rock der Siebziger. Eine Rebellion gegen all die Millionenseller und Supergroups wie Pink Floyd, Genesis, Yes. Für die Jugend lauter Verkünstelt-glänzend-glatte-bombastisch-ausgefeilte-emotionslose-Gigantomusikanten. Ähnlich dann in den Neunzigern der Grunge, der gegen die Unechtheit des Hair Metals, des Stadion Rocks, des Kommerz in der Musikwelt rebellierte. Dessen Motto Kurt Cobain in seinen letzten Worten auf den Punkt brachte. Einer Songzeile, die von Neil Young stammt, für viele der «Godfather of Grunge»: «It's better to burn out, than to fade away!»

Nicht einfach verblassen, ganz undramatisch an Bedeutung verlieren, in Staub aufgehen, sondern lieber hell brennen, leuchten, ausbrennen – Punk und Grunge lebten eine Rebellion vor, die ich zerstörerisch finde. Bei allem Krach lauter tragisches Pathos. Die ersehnte Echtheit, die Authentizität verlor sich leicht in Attitüde. Und die Rebellion fraß ihre Kinder.

Ein Rebel hegt große Sympathie mit diesem Wunsch nach Echtheit und einer Rebellion gegen die satte, träge, auf Perfektion getrimmte Angepasstheit. Er will hell brennen. Nicht einfach verblassen. Er will nicht einfach in Staub aufgehen, sondern Spuren in der Welt hinterlassen. Aber die Rebellion eines Rebel Mind ist nicht bloß zerstörerisch.

MEHR ALS FASSADE

Gerade in der Welt, die ich seit mehr als zwei Jahrzehnten schreibend begleite, die ich zu gestalten versuche, in der Wirtschaft, gibt es so viele perfekte Menschen.

Menschen, die in ihrer Perfektion an Musiker erinnern, denen Punk und Grunge ihre eigene Unvollkommenheit entgegensetzten. Pink-Floyd-Yes-Genesis-Menschen. Stadionrock-Menschen, bei denen es vor lauter Angepasstheit an den Kommerz keinen Raum mehr für Improvisation gibt. Wo von der kleinsten Locke im auftoupierten Haar bis zur knallengen Spandex-Hose alles sitzen muss. Menschen, die vielleicht einmal durchaus ihren eigenen Kopf, ihren eigenen Willen hatten, die aber mittlerweile so sehr im Mainstream angekommen sind, dass sie austauschbar wirken. Vom Mammon auf Einheitsmaß gestutzt.

VOM MAMMON AUF EINHEITSMASS GESTUTZT.
Wie viele solcher Menschen sind mir in den ganzen Jahren begegnet ... **Leute ohne Kanten. Maximal abgeschliffen. Maximal austauschbar. Maximal stromlinienförmig.** Maximal von mir vergessen, weil ihnen das fehlte, was mir besonders am Herzen liegt. Woran ich mich bei Menschen, die mir begegnen, erinnere: die Einzigartigkeit. Das, wovon ich mir wünsche, dass es das ist, was den Menschen eines Tages von mir in Erinnerung sein wird.

Alles, was ihr auf Hochglanz poliert, bis das Originelle verschwunden ist. Alles, was perfekt ist, wird glatt wie Teflon und seelenlos wie ein leerer Anzug.

Menschen aber lieben das Authentische, das Unvollkommene. Eben das Einzigartige, das Außergewöhnliche. Das zeigt die Faszination von Punk und Grunge. Die in ihrer rebellischen, zerstörerischen Art auf einen ganz zentralen Gedanken des Rebel Mind verweisen: Charakter ist mehr als eine glänzende Fassade.

POESIE DER UNVOLLKOMMENHEIT

Aber ein Rebel Mind ist noch mehr ... Denn Menschen lieben es auch, der Welt beim Wachsen zuzusehen. Die Welt selbst zu gestalten. Sie lieben den Frühling. Die Kunst. Sie lieben Lego und Backen. Sie lieben aufbauende Melodien, nicht nur desolaten Krach. Sie lieben es, auf neue Ideen zu kommen. Dinge zu erfinden und eine neue Firma zu gründen. Der schon erwähnte Michelangelo hat den Felsblock nicht deswegen zerstört, weil er Lust am Zerstören hatte. Er wollte den David erschaffen.

Und so gehört für mich zu einem außergewöhnlichen Charakter, zu einem Rebel eben auch der Wille zur Gestaltung.

Alles zu seiner Zeit. Und ein Rebel Mind hat ein Gespür und ein Verständnis dafür, was gerade angesagt ist. Melodie oder Krach. Aufbauen oder abreißen. Pink Floyd oder Sex Pistols.

Ein Rebel Mind, so wie ich es verstehe und zu leben versuche, ist also in seiner Haltung nicht zerstörerisch. Es sucht die Balance zwischen «Was ist nur glänzende Fassade, was kann weg?» und «Was möchte ich aufbauen?» – ein Rebel gestaltet die Unvollkommenheit.

LEBT EURE ORIGINALITÄT.
LEBT EURE UNVOLLKOMMENHEIT.

Im Japanischen nennt man diese Haltung Wabi-Sabi: ein jahrhundertealtes Konzept, das die Schönheit in der Unvollkommenheit anerkennt.

Das Credo von Wabi-Sabi: Beschränkt alles auf das Wesentliche, aber entfernt nicht die Poesie. Haltet die Dinge sauber und unbelastet, aber lasst sie nicht steril werden.

Besser kann ich es nicht ausdrücken: **«Lasst den Dingen ihre Poesie!»** In diesem Satz steckt für mich alles drin: der Wille, überflüssigen Tand zu erkennen und loszulassen. Die Sehnsucht danach, zu wachsen, über sich hinauszuwachsen. Die Sehnsucht, einzigartige Spuren in der Welt zu hinterlassen.

Lebt also eure Originalität. Lebt eure Unvollkommenheit. Lebt die Poesie, die ihr Tag für Tag entdecken und gestalten könnt.

> Eine Lebensaufgabe, eine Lebenseinstellung: Euch bei allem auf das Wesentliche beschränken, überflüssigen Tand und Tinnef erkennen – und weglassen. Euer Leben sauber zu halten, einfach auf den Kern fokussiert. **Und das alles, ohne dem Leben die Poesie zu nehmen.** Das alles mit einem Rebel Mind, der die Schönheit in der Unvollkommenheit erkennt.

33 AM TÜRSTEHER VORBEI

«Wie viel VIP können wir noch werden? Wir brauchen noch einen Hit! Jungs, arbeitet daran!» - Der diese Worte aussprach, die durch die Gazetten gingen und in den sozialen Medien viral wurden, war Macca, Ex-Beatle Paul McCartney, den die Türsteher bei einer Party 2016 nicht erkannten und nicht reinließen.

Rund 50 Jahre zuvor, als die Beatles-Mania in vollem Gange war, war ihm das schon einmal passiert, aber damals hatte er es darauf angelegt: 1966 war Paul McCartney in Frankreich. Um beim Besuch eines Tanzclubs keinen Tumult von kreischenden Menschen auszulösen, verkleidete er sich mit Schnurrbart, Brille und glattem, nach hinten gekämmten Pilzkopf: Es klappte, er blieb unerkannt - und wurde vom Türsteher abgewiesen. Erst als er sich unter lautem Geschrei als Paul McCartney enttarnte, wurde er hineingelassen ...

Warum ich euch das erzähle? Ich, der ich doch mehr auf die Stones als auf die Beatles stehe ...

Weil es im Leben, im Geschäft, beim Erfolg, genauso ist wie bei einem Nachtclub: Es gibt immer drei Wege hinein.

Der erste Weg ist der, den die meisten gehen. Der Weg zur Tür für Otto-und-Ottilie-Normalmensch, vor der sie alle in der Schlange stehen. In Reih und Glied. Geduldig. Ungeduldig. Auf jeden Fall wartend, dass es weitergeht. Vor allem hoffend, dass sich diese Tür für sie öffnet und der Türsteher sie in den Club reinlässt.

Der zweite Weg führt zu der Tür, die den VIPs, den Reichen, den Schönen, den Privilegierten vorbehalten ist. Hier lassen die Türsteher nur die rein, die Rang und Namen und Glanz und Gloria haben.

Wie wenig es diese VIPs selbst in der Hand haben – und wie viel Macht die Türsteher haben –, das zeigt nicht nur die Anekdote von Paul McCartney. Ganz ähnlich erging es auch Justin Bieber. Oder Britney Spears. Oder Robert Pattinson, der als Twilight-Vampir Abermillionen Mädchen und Frauen in die Kinos lockte und später als Batman seine Muskeln spielen ließ.

Ja, und dann der dritte Weg …

THE CRAZY ONES

Dieser Weg führt nicht durch eine der bekannten Türen. Auf diesem Weg verlasst ihr die Warteschlange. Ihr verlasst die Hoffnung auf den guten Willen der Türsteher. Ihr geht den Weg der Rebellen. Die das Unerhörte versuchen. Die das scheinbar Verrückte tun. Durchs Fenster klettern. Durch die Küche schleichen. Für Rebels gibt es immer einen Weg …

Ich finde: Das ist eine tolle Analogie. Sie stammt aus dem Buch «The Third Door» von Alex Banayan, mit dem ich vor einiger Zeit auf einer Konferenz in Miami eine lauwarme Diet Coke getrunken habe.

Der Weg, den Rebels einschlagen, ist der Weg der Gestalter. Nicht der Warter.

SEID GESTALTER. NICHT WARTER.

Ich kenne Menschen, deren Routine im Büro ungefähr so aussieht: «Ankommen-Mail-checken-Meeting-Kaffee-noch-ein-Meeting-

Anrufe-Mittagessen-Toilette-Mail-checken-ein-weiteres-Meeting-mehr-Kaffee-Report-schreiben-nochmal-Toilette-Telefonat-um-sechs-nach-Hause!» – diese Menschen sind Warter. Sie warten auf den nächsten Tag. Auf den nächsten Tagesordnungspunkt. Auf den nächsten erwarteten Augenblick. **Das Unerwartete kommt bei ihnen nicht vor. Sollte es besser auch nicht.**

Wenn ihr solche Wartenden kennt oder gar selbst Tag für Tag so eine Routine abspult – dann verpasst ihr vor lauter Warten das Beste: euer Leben. Eure Ideen. Euren ganz persönlichen Erfolg.

Denn für dieses Warten braucht es euch eigentlich gar nicht. Weder euren kostbaren Körper, noch euren kostbaren Geist, noch euer Bewusstsein. **All diese wunderbaren Geschenke des Lebens braucht ihr nicht.** Sie sind verschwendet.

Ich hoffe, dass ihr nach allen Anstiftungen, die ich euch bisher gegeben habe, auch so denkt: Es wäre wirklich schade, dieses wunderbare Geschenk unangetastet zu lassen.

Das Leben ist zu kurz, das Leben ist zu kostbar, um den Rebel in euch warten zu lassen, bis er schwarz wird.

Also schlagt den Weg eines Rebellen ein. Ein herausfordernder, manchmal risikoreicher Weg.

Ein Weg, auf dem die Früchte nicht tief hängen, euch in den Mund wachsen oder ihr die reifen Äpfel, die vom Baum gefallen sind, einfach nur am Wegesrand aufheben müsst.

Ein Weg, der euch manchmal in schwindelerregende Höhen führt, um ganz oben die von der Sonne geküssten Früchte zu pflücken. Ein Weg für Menschen, die selbst Apfelbäume pflanzen.

Es ist der Weg der Verrückten, um es mit den Worten eines berühmten Apfelbauern zu sagen: «Here's to the crazy ones, the misfits, the rebels, the troublemakers, the round pegs in the square holes... the ones who see things differently – they're not fond of rules...»

FÜR REBELS GIBT ES IMMER EINEN WEG ...

DIESER WEG FÜHRT DURCH KEINE DER BEKANNTEN TÜREN. BEI DIESEM WEG VERLASST IHR DIE WARTE-SCHLANGE. IHR VERLASST DIE HOFFNUNG AUF DEN GUTEN WILLEN DER ANDE-REN. IHR GEHT DEN WEG DERER, DIE DAS UNVER-SUCHTE VERSUCHEN.

DIE ETWAS SCHEINBAR VERRÜCKTES TUN.

DAS LEBEN IST ZU KOST-BAR, UM DEN REBEL IN EUCH WARTEN ZU LASSEN.

EPILOG LIFE IS WONDER- FUL ...

Welcher Erfolg erwartet euch, wenn ihr euch entscheidet, entschlossen zu leben und den Weg eines Rebels zu gehen? Wenn ich euch dazu anstiften könnte, mit einem gewöhnlichen Leben Schluss zu machen?

Kein Null-acht-fünfzehn-von-der-Stange-Erfolg. Der nicht. Eher unwahrscheinlich. Aber das ist auch nicht der Erfolg, den ich euch wünsche. Dann hätte ich ein anderes Buch geschrieben, ein So-bekommt-ihr-alles-was-alle-für-gewöhnlich-wollen-Buch.

Nein, der Erfolg, den ich euch wünsche, ist ein Carmen-Herrera-Erfolg.

Wer Carmen Herrera ist? Oder vielmehr war? Was sie tat?

Carmen Herrera malte. Von Kindesbeinen an. Lange. Jahrzehnte. Viele Jahrzehnte. Fast ein Jahrhundert lang. Viele, viele Bilder. Und das, ohne dass irgendjemand von ihr oder ihren Bildern Kenntnis nahm. Ohne dass sie einen Erfolg hätte verbuchen können. Doch Carmen Herrera malte und malte. Und dann – ja und dann – mit 89 Jahren verkaufte sie ihr erstes Bild. Hammer-Story, oder?

Aber warum sollte das ein Erfolg sein?

Mit 89 Jahren das erste Bild zu verkaufen, ist doch so ähnlich wie nach 25 Jahren in der Firma die erste Gehaltserhöhung zu bekommen – plus Delikatessenkorb, wenn es gut läuft: «Hey, das ist uns jetzt erst aufgefallen: 25 Jahre sind Sie dabei. Wer hätte das gedacht: Silberhochzeit. Da gibt es doch ein schönes Goodie …» – Oder wenn ihr seit 15 Jahren versucht, als Musiker Fuß zu fassen und euer größter Erfolg immer noch die lokale Veranstaltung in eurem Heimatort ist. Aber nur weil Tanten und Onkel und der Kegelklub eurer Mama die Teilnehmerzahl auf über 30 hochgepusht haben. – Oder mein Steckenpferd, der Halbmarathon. Ihr trainiert schon 5 Jahre. Ihr seid ihn schon neun Mal gelaufen. Und dann – bei eurem zehnten Halbmarathon – schafft ihr das erste Mal eine Zeit unter sechs Stunden …

Also: Sind das Erfolge oder Misserfolge? Nach 08/15-Maßstäben sind das keine Erfolge. Da ist das alles vertane Zeit. Loser-Time-eines-Loser-Lebens. Verlorene Liebesmüh.

Aber Rebels legen an ihr Leben und Tun keine Maßstäbe von der Stange an.

Weil sie wissen, dass immer irgendjemand schneller, höher, weiter, berühmter, reicher, bekannter sein wird als sie. Egal, mit wem oder was ihr euch auch vergleicht: Irgendjemand hat immer mehr. Hat mehr in seiner Zeit erreicht als ihr.

Weil für sie nur ein Vergleich wirklich zählt. Der Vergleich mit den eigenen Zielen. Der Vergleich mit dem, was für sie wichtig ist, was sie verändern und erreichen möchten. Und wie nah sie dem, was sie erreichen wollen, schon sind.

Auch Rebels vergleichen: Aber richtig. Sie verstehen, dass der Vergleich mit anderen für sie U-N-S-I-N-N ist. **Der einzig wichtige Vergleich für euch ist, das, was ihr tut, mit dem zu vergleichen, wozu ihr fähig seid.**

Ignoriert alles, was euch von eurem Weg abhält, was euch eurem Ziel nicht näher bringt. **Schaut nur auf das, was euch auf dem Weg zu eurem Ziel unterstützt. Alles andere ist ablenkender Lärm.**

Carmen Herrera hat sich nicht ablenken lassen. Sie ließ sich nicht beirren und bewies Ausdauer, indem sie malte und malte, um in dem, was ihr wichtig war, voranzukommen.

Ja, mit 89 Jahren ihr erstes Bild zu verkaufen, war ein Erfolg.

Ein großer Erfolg, der weitere Erfolge nach sich zog: Nur fünf Jahre später wurde sie von Kunstkritikern als «Entdeckung des Jahrzehnts» gefeiert. Die New York Times nannte sie «the hot new thing in painting».

Carmen Herrera starb im Februar 2022 im Alter von 106 Jahren. Heute hängen ihre Bilder im Museum of Modern Art in New York und in der Tate Modern in London.

Für mich aber ist etwas anderes ihr größter Erfolg. Nämlich genau das, was ich euch auch wünsche: dass ihr von eurem Leben einmal das sagen könnt, was Carmen Herrera im Alter von 105 Jahren kurz vor ihrem Tod sagte: «Life is wonderful …

… AND FUNNY!

WER SIE ALS AUTOR FESSELT,
WIRD SIE ALS REDNER BEGEISTERN

Dr. Peter Kreuz: Anstifter für den intelligenten Regelbruch

Mehr als 250.000 Menschen sind bereits von seiner erfrischenden, motivierenden und inspirierenden Art begeistert.

Seit über 20 Jahren ist er eine feste Größe unter den Top-Speakern in Europa. Seine Vorträge hinterfragen, fordern heraus und laden gleichzeitig die Batterien auf.

Erleben Sie geballtes Wissen, gepaart mit humorvoller Leichtigkeit und mitreißender Rhetorik. Peter Kreuz ist der perfekte Motivator für Kunden, Kollegen und Geschäftspartner.

Geben Sie Ihrer Veranstaltung den Kick, den sie verdient!

www.peterkreuz.com

Printed in Poland
by Amazon Fulfillment
Poland Sp. z o.o., Wrocław
17 January 2025